中国资本国际化与
欧亚投资

朱红根　著

中国社会科学出版社

图书在版编目(CIP)数据

中国资本国际化与欧亚投资／朱红根著.—北京：中国社会科学
出版社，2013.10
ISBN 978－7－5161－2870－1

Ⅰ.①中…　Ⅱ.①朱…　Ⅲ.①对外投资—研究—中国　Ⅳ.①F832.6

中国版本图书馆 CIP 数据核字(2013)第 135242 号

出 版 人	赵剑英
选题策划	冯　斌
责任编辑	丁玉灵
责任校对	林福国
责任印制	戴　宽

出　　版	中国社会科学出版社
社　　址	北京鼓楼西大街甲 158 号（邮编 100720）
网　　址	http://www.csspw.cn
	中文域名:中国社科网　　010－64070619
发 行 部	010－84083685
门 市 部	010－84029450
经　　销	新华书店及其他书店

印　　装	北京君升印刷有限公司
版　　次	2013 年 10 月第 1 版
印　　次	2013 年 10 月第 1 次印刷

开　　本	710×1000　1/16
印　　张	10.75
插　　页	2
字　　数	228 千字
定　　价	38.00 元

凡购买中国社会科学出版社图书,如有质量问题请与本社联系调换
电话:010－64009791

目　录

第一章 导 论

第一节 选题背景

一 题目的提出

自改革开放以来，随着社会主义市场经济体制的逐步建立和对外开放的格局形成，中国经济潜能得到了发挥，经济实现了快速发展。中国的改革从农村开始，以逐步深化的渐进模式使市场化改革不断推进，社会主义市场经济体制逐步建立并完善。在国际和平与发展的大环境下，中国的对外开放与对内改革并行发展，与世界经济的联系日趋紧密。2001年，中国加入了世界贸易组织（WTO），对外开放进入新纪元；2006年底，中国加入WTO的过渡期已基本结束。加入WTO推动了中国的市场化改革，使中国经济更为深入地融入世界经济体系和全球化进程。

随着国内的市场化改革与对外开放的深化，对外经济联系日益紧密。1980年8月，全国人大批准和公布了《广东省经济特区条例》，启动了设置经济特区的立法程序，对外开放进程启动并逐步深入，开放型经济体系建立并取得了巨大成就。中国的进出口贸易总额实现了快速增长，净出口成为国民经济的三大支柱之一。外资政策方面，改革开放初期，沿海经济特区和开放城市采取了引进外资的优惠政策，旨在引进国外的资金、技术和先进的管理经验，加快资本形成，推动经济发展。中国以政策、人力资本、资源、市场等多方面优势，吸引了大量外资。在全球产业转移的背景下，中国承接了发达国家逐渐外移的制造业。外资的大量引进形成外溢效应，对国内产业的升级与发展起到了推动作用，国内制造业迅速发展壮大，中国成为全球一些重要工业品的制造中心。制造业的迅速发展推动了产能的大幅提升，供给能力大为提升。随着经济的快速发展，中国已经进入工业化和现代化的新阶段。引进外资的政策也包括海外融资，包括鼓励有条件的企业在海外证券市场融资，一些中国企业在香港 H 股、纽约证券交易所、纳斯达克、伦敦证券交易所等国际金融中心上市。资本市场改革方面，中国实行了 QFII 制度，批准境外合格的机构投资者进入中国的资本市场，境外的金融资本成为引进的对象，引进外资的政策突破了产业资本的范畴而得到了进一步深化。与此同时，中国资本市场改革和人民币可兑换改革也逐步深化。

随着中国经济的发展，中国资本已开启了国际化进程。资本国际化包括直接投资、证券投资、信贷与对外援助等基本方式。以对外投资为主的中国资本国际化，是中国经济发展新阶段的必然选择，是中国经济进一步发展的客观要求。中国的对外投资有助于推动国内产业的升级，有利于获取外部市场和资源，是中国企业国际竞争力进一步提高的必由之路。从国际收支、开放的宏观经济和经济发展战略的角度看，中国企业的对外投资的重要意义包括：有助于促进中国的国际收支平衡，保持开放条件下宏观经济的稳定，减少宏观经济政策的被动因素。中国的资本国际化与对外投资问题，是中国对外经济关系的重要内容，同时又是一个较为复杂的系统性问题，涉及外汇储备管理、外汇资源如何进行促进对外投资、对外投资项目管理、资本市场国际化、人民币国际化、人民币汇率形成机制、资本项目开放等诸多问题。

中国企业对欧亚国家的投资，是中国资本国际化视角下的一个重要研究领域。欧亚地区集中了世界上主要的转轨经济体，这些国家的转轨路径、发展模式与发展现状与中国的社会主义市场经济改革存在区别，欧亚国家的经济转轨与中国的改革开放的绩效之间也存在差别。许多欧亚国家的经济基础虽然较好，但在转轨的过程中普遍出现了资本短缺问题，制约了这些国家的资本形成与经济发展，使这些国家普遍存在发展中国家的"两缺口"特征；而中国国内的产业与出口贸易则取得了长足的发展，国际收支方面出现了"双顺差"，积累了大量外汇储备。对中国与欧亚转轨国家的主要宏观经济变量进行考察可知，中国经济中的储蓄率偏高，而欧亚转轨经济体的储蓄率偏低，中国国民经济中的高储蓄，如果能够在欧亚国家转化为当地的投资，则相当于提高了欧亚地区的储蓄率，促进欧亚国家的资本形成，并可以通过欧亚国家储蓄率的提升而提高其人均资本与人均收入水平。欧盟东扩后，加入欧盟的中东欧国家通过大量引进外资的方式，弥补了经常项目的逆差与国内资金的缺口，经济取得了一定程度的发展，然而，外资的大量引进，又使中东欧国家的金融风险显著增加。在国际金融危机的冲击下，外资从欧亚转轨国家撤离，对欧亚国家的经济形成了较大的冲击。在中东欧地区，甚至出现了金融危机"第二波"的风险；在负有大量外币债务的东欧国家，本币的贬值又加剧了外币债务的显著上升。在后危机时代，欧亚转轨国家的经济会出现反复调整，在这种形势下，中国资本进入欧亚国家，有助于缓解欧亚国家的经济困难。因此，对中国和欧亚国家而言，中国资本进入该地区具有积极意义，对中国与欧亚国家而言具有互利性。

中国资本进入欧亚地区，也具有重要的战略意义，一些欧亚国家对中国的能源供给保障、地区安全等方面具有重要的战略价值。中国已形成明确的改革开放的基本国策和"走出去"的对外经济战略。在发展对外关系方面，中国以"和平共处五项原则"为基础，积极推动双边与多边关系的发展，形成了较为明确的外交政策框架，外交政策与对外经济战略相互支持、彼此配合。在和平与发展的国际环境下，中国应以双边、多边经贸合作为基础，积极推动与其他国家双边、多边关系的发展；同时以双边、多边关系的不断改善来提升经贸合作的水平，实现共赢互利，共同发展。欧亚国家是亚欧大陆上的重要地区，许多欧亚国家是中国的邻国。在欧亚地区，上海合作组织的成立，标志着中国欧亚战略的初步构建，以上海合作组织为框架，中国与欧亚国家之间的合作已取得重要成绩。今后，中国应制订明确的欧亚战略，进一步推动与欧亚国家的双边、多边关系，提升经贸合作水平，为中国在欧亚地区赢得地缘战略利益。

中国资本进入欧亚地区虽然具有重要的经济与战略意义，然而从总量看，中国对欧亚地区的投资占全球的份额相对较少。在欧亚地区，俄罗斯提出了欧亚联盟的设想，俄白哈经济一体化取得了新的进展，乌克兰加入了 WTO 并积极谋求与欧盟建立自由贸易区，波兰等中东欧国家考虑加入欧元区，白俄罗斯考虑进行经济改革，上海合作组织成员国之间的合作日趋密切，为中国资本进入欧亚地区提供了新的历史机遇。国际金融危机爆发后，全球经济、政治格局出现了新变化，世界经济进入长期调整状态，中国的经济表现和较为稳定的经济增长，使欧亚国家更加关注中国，许多欧亚国家对中国企业在当地的投资持肯定与欢迎态度。在此背景下，研究中国资本的欧亚投资，具有重要的理论与现实意义。因此，有必要对中国资本国际化与对外投资问题，以及中国企业对欧亚国家的投资问题进行深入、系统的研究。

二　研究视角、价值与意义

随着中国企业的发展壮大和竞争力的不断增强，中国经济不仅需要"引进来"，而且也需要"走出去"，这是中国企业更为深入地融入世界经济，参与国际竞争与合作，并在竞争合作中实现进一步发展壮大的必由之路。无论是从资本的角度还是从宏观、产业乃至微观主体角度，中国资本国际化问题的研究都具有重要意义。中国企业开展对外投资，有利于促进宏观经济中的内在矛盾的缓解；中国企业的国际化经营，有利于促进中国企业竞争力的提高，同时有利于促进中国对外经济战略的完善。因此，对外投资问题的研究，不仅有重要的学术价值，而且具有重要的现实意义和战略价值。

（一）资本国际化视角

中国资本国际化问题的研究，可在全球资本流动的大环境下探讨。中国企业以外汇储备开展国际投资的方式，不仅包括对外直接投资，而且包括由商业银行、基金管理公司、信托公司、保险公司等合格的境内机构投资者（QDII）通过信贷支持、股权投资、提供保险等方式开展对外投资，这方面的内容将在本书最后一章加以探讨。中国通过出口贸易所获得的巨额外汇储备，应以有效率的方式支持中国企业的对外投资。外汇储备作为一种国际资本，具有增值、保值、追求盈利的本质属性，中国的外汇资本具有对外投资的客观要求。因此，从资本国际化视角研究中国企业的对外投资，具有重要的意义。

（二）开放的宏观经济视角

中国企业的对外投资问题，可从宏观经济视角进行考察。改革开放后，中国经济取得了快速发展，"引进来"的战略适逢国际产业转移的机遇，推动了国内的生产能力的迅速构建，摆脱了短缺状态，一些行业已出现产能过剩。中国的要素成本优势、出口补贴与引进外资政策，促进了对外经济部门的快速发展。出口的顺差和外资的大量引进推动了中国经济的发展，但也使中国经济的外部失衡，突出表现为"双顺差"。"双顺差"

一方面使外汇储备飙升；另一方面造成外汇占款和流动性被动扩张的问题，形成人民币"对外升值、对内贬值"的隐患。中国宏观经济的内外失衡，也对中国的宏观经济政策产生了深刻的影响，经常项目和资本与金融项目的"双顺差"深刻影响中国国际收支的平衡和宏观经济的稳定。在资本与金融项目中，近年来的一个显著的变化是对外投资的快速上升。对外投资作为宏观经济中的一个重要指标，对中国国际收支的平衡、宏观经济的稳定具有重要意义，成为影响中国宏观经济变量与宏观经济政策的重要因素之一。因此，有必要对中国企业对外投资的宏观经济背景进行研究。在宏观经济意义上，对外投资有助于缓解以"双顺差"为突出表现的外部失衡局面，充分利用外汇资源的潜在价值，促进国际收支平衡和宏观经济的稳定，减少宏观经济的被动性，扩大宏观经济政策的空间。从中国外汇储备的对外投资方式看，尚存在不完善之处，外汇资源不仅需要保值，而且需要通过高效而有战略意义的对外投资方式加以运用。由此可见，在对外经济政策安排上，如果仅实施出口导向和"引进来"政策，则会引起宏观经济的不平衡、外汇资源的浪费等一系列问题；如果把"引进来"与"走出去"有机结合，就能够在一定程度上缓解开放条件下中国宏观经济的失衡，消解不稳定因素，促进宏观经济的再平衡，扩大宏观经济政策的空间。

（三）产业视角与微观视角

从对外投资的产业和微观主体角度看，中国民族产业的发展，对中国企业的对外投资起到了巨大的推动作用，对外直接投资成为中国企业对外投资的主要方式。从产业意义上看，对外投资是中国产业的国际化过程，对外投资活动有利于中国企业深入参与国际产业分工。中国产业的国际化，一方面有助于中国产业的梯度外移；另一方面，参与国际产业分工，能够推动国内产业的优化升级。从企业角度考察，中国企业是参与对外投资活动的主体，中国的现代企业制度改革已取得显著成效，提升了中国企业的竞争力。中国企业通过对外投资活动参与全球化的经营与国际竞争，有利于促进中国企业的管理水平和技术水平的升级，使中国企业更加充分地利用国际市场，促进中国企业的规范化经营和治理水平的提升，从而提高中国企业的国际竞争力。关于对外投资主体的考察研究，是中国企业对外投资问题的重要研究领域。中国企业通过对外投资，尤其是通过对外直接投资过程，与发达国家的跨国公司在全球范围内展开竞争与合作，具有国际竞争力的中国跨国公司应运而生。从市场角度看，中国国内某些行业出现了产能过剩，如家电、纺织等行业。这部分过剩的产能也可以转移到相对落后的国家，使国内相对落后的产能找到新的发展空间。

（四）货币选择视角

从对外投资的货币选择看，中国民族资本对外投资的主要币种是以美元为主的西方发达国家的货币。美元作为主要国际货币，是最主要的结算货币和大宗商品的标价货币，并在全球范围内充当价值尺度、流通手段、交易媒介和储备货币的职能。美元的国际货币地位使美国不仅享有国际铸币税的好处，而且使美国的货币政策直接对全球宏观经济形成巨大影响。然而，美国货币政策的制订缺乏国际约束力，世界上其他国家不仅无法约束美国的货币政策，而且也无法准确预测美国的货币政策走向。布雷顿森林体系瓦解后，牙买加体系取而代之，该体系又使美元与黄金完全脱钩，成为一种完全意义上的信用货币。美元的长期真实价值取决于美国的综合实力和国家信用，其短期价值会随着美国经济形势和货币政策产生波动，这将对世界经济的稳定和长期发展形成负面影响，对世界上其他国家的宏观经济的稳定构成潜在的冲击。中国企业的对外投资，是以美元、欧元等发达国家为主要币种进行的，而人民币却尚未成为完全自由兑换流通的国际货币，这与中国经济的国际地位不相称，人民币国际化问题成为时代发展的客观要求。以外汇储备进行对外投资，能够有效促进中国国际收支的平衡和宏观经济的稳定；而人民币的国际化，将使人民币成为中国民族资本对外投资的币种，同时，人民币国际化能够提高中国的国际地位，进一步推动世界经济的发展。

（五）战略视角

从价值链视角看，中国作为"世界工厂"，在国际产业链中处于中端，由此引发了对能源资源和外部市场的需求。与竞争性产品相比，能源和重要战略资源具有更为重要的战略意义，能源和重要战略资源的生产国也不排除对外资实施国有化的可能性。大国对于能源和重要战略资源存在竞争关系，对能源的争夺日趋激烈，中国能源企业的海外并购中的失败案例屡见不鲜。随着中国外向型经济的快速发展，国内的能源和资源供给水平已无法满足经济持续增长的要求，如果要维持经济的高速增长，在发展模式和产业升级在短期内无法改变的约束下，能源和重要战略资源的供给保障就不仅仅是一个经济问题，而成为一项至关重要的国家战略。

中国资本的国际化和企业对外投资，在加强中国的对外关系方面也具有战略意义。在和平共处五项原则的基础上，中国与世界上许多国家积极发展外交关系，政治互信与互利合作取得了积极的成果。加强经济交往、扩大中国企业的对外投资，能够促进中国对外关系的发展。对外投资能够加强中国的对外经济联系，是中国发展对外关系的基础和有力保障。坚持改革开放是中国的基本国策，而新时期的中国外交需要形成明确的对外政策体系和对外战略，对外战略的制订与对外开放的基本国策应该相互融合，应以国际经济合作为基础，促进国与国之间关系的发展；与此同时，通过双边、多边关系的提升，为经济合作提供良好的环境，使中国与世界上其他国家的经济关系与外交关系形成良性的相互促进的格局。

（六）政策视角

鉴于现阶段中国企业对外投资的重要意义与客观要求，国家开始鼓励企业对外投资，在对外投资政策法规方面不断推出新的政策安排，放松了对外投资项目审批和外汇管理的控制，并制订了对外投资的鼓励措施，建立了主权财富基金，实施了 QDII 制度，与国际上许多国家签署双边避税协定。鉴于中国对外投资的管理规制体系迄今为止尚存在不完善之处，关于对外投资的管理制度的研究，能够为政府的决策提供参考。

（七）现实意义

国际金融危机的爆发后，世界经济不景气，很多国家受到了 20 世纪 30 年代大危机后最严重的冲击，以高消费、金融、房地产为三大动力的美国经济发展模式已经一去不复返；欧元区主权债务危机有蔓延至欧洲大国的风险，欧元区解体的可能性不能排除，形势不容乐观。中国的主要贸易伙伴的经济衰退，也较严重地影响了外贸依存度较大的中国经济。中国对外经贸不断发展，而西方则在国际金融危机冲击下面临的棘手的经济问题，再工业化与贸易保护成为西方国家新的发展思路，国际贸易摩擦显著增多。在这种大背景下，中国企业的对外投资有利于缓解出口导向型的经济模式的困境。

综上所述，以企业对外投资为主要形式的中国民族资本的国际化，已经成为中国经济发展新阶段引人注目的现象，对外投资能够使中国民族资本走向更为广阔的世界市场进行配置，在全球范围内寻找更多的投资机会，在全球化进程中进一步发展壮大。中国民族资本的国际化过程，也是中国更加广泛地参与国际分工，利用国内外两个市场、两种资源，使民族资本在更为广阔的空间进行优化配置的过程。从资本国际化视角、开放的宏观经济视角、产业视角与微观主体视角、货币选择视角、战略视角、政策视角对中国企业对外投资问题进行研究，具有重要的研究价值及理论意义、现实意义、战略意义和政策意义。在上述背景下，中国应该更加重视对外投资，通过对外投资，促进国内的产业结构升级，获取海外的战略资源，通过海外并购而主动获取先进的技术、获取国外企业的销售渠道、品牌等战略资产，提高中国企业的国际竞争力。

三　欧亚国家概况与中国投资

　　中国企业对欧亚国家的投资，是中国企业对外投资大背景下的一个重要组成部分。欧亚国家的范围包括脱胎于原苏联的加盟共和国和东欧的社会主义国家。欧亚地区集中了世界上主要的转轨经济体，许多国家在东欧剧变、苏联解体前即已实现工业化，具有较好的经济基础。前苏联各加盟共和国根据地区分工而形成了统一的经济空间，实现了资源要素的统一调配和产业的地域分工；苏联和大多数东欧社会主义国家也通过经互会而形成较密切的经济联系。随着东欧剧变、苏联解体、经互会解散，新独立的欧亚国家经历了经济与政治转轨进程。在当前的欧亚国家中，中东欧的大多数国家已加入欧盟，斯洛文尼亚、斯洛伐克和爱沙尼亚已经加入欧元区。中东欧的欧元区国家和波兰、捷克等国，人均 GDP 和其他经济社会发展指标方面表现较好；俄罗斯经济转轨经历了休克与动荡，普京当政后，这种情况得以扭转，俄罗斯建立了主权财富基金，对外投资快速增长。然而，俄罗斯经济发展对能源和资源依赖较大，该国的后工业化、现代化是亟待解决的问题。中亚的哈萨克斯坦等国也面临类似的问题。独立后的乌克兰经历了 20 世纪 90 年代的转轨阵痛，又深受 1998 年俄罗斯金融危机的影响，直到进入 21 世纪后经济才得到了恢复增长。白俄罗斯的转轨出现短时间混乱局面后，卢卡申科上台并采取了市场社会主义导向的改革，保持国家对经济的强有力的调控能力，实行以国家定价机制和国企为主的企业制度，实行高就业、高福利的经济政策，但这种经济政策与西方的自由主义经济政策格格不入，常常却被西方所诟病。

　　中国企业对欧亚国家的投资的背景，一方面从属于中国对外投资的大背景；另一方面，欧亚国家也具有区别于世界上其他地区的独特之处。欧亚国家集中了世界上主要的转轨经济体，这些国家的经济起点与中国存在类似之处，但欧亚国家的转轨进程与中国的经济改革存在显著区别。欧亚国家在经济转轨有别于中国的渐进式经济改革，而且，欧亚国家的转轨也体现在政治与社会架构的全面转型。仅从经济转轨角度看，欧亚国家的经济转轨与中国经济改革存在类似之处，都实行了市场化改革，与市场经济相配套的财税、金融、汇率、社会保障等制度也在不断变迁。然而经过20多年的转轨历程，中国与欧亚转轨国家之间的差别已经较为明显，中国已经进入对外投资的快速增长阶段，具备向欧亚国家进行大量投资的能力，而相比之下，欧亚转轨经济体的资本形成相对滞后，尚不具备对外投资能力。因此，在今后一段时间内，中国与欧亚转轨经济体之间的相互投资将呈现不对称状态。

中国对欧亚转轨国家的投资的独特意义，一方面表现在欧亚国家的能源、资源、市场、资本形成与对外资的需求；另一方面也突出表现在中国的对外战略层面。中国与欧亚国家是亚欧大陆上的主要国家，欧亚国家对中国的战略意义日益突出。俄罗斯与中亚国家是中国的邻国，中国与俄罗斯与中亚国家之间，在能源、地区安全等领域具有广阔的合作空间。东欧国家地处俄罗斯与美欧之间，由于地缘政治和历史原因，具有发展多边外交和经济联系的强烈愿望。波兰、乌克兰等国家对俄罗斯的投资持谨慎态度，但中国企业的投资持欢迎态度。考虑到欧亚地区的重要的地缘战略意义，中国应积极发展与欧亚国家的双边合作，并制订明确的欧亚战略。当前，美欧等发达国家的经济衰退，是无法通过救助而摆脱的，发达国家正在遭遇经济发展模式和社会政治模式的全面危机。欧盟和欧元区国家正在经受欧债危机的负面影响，美国经济复苏乏力，被高债务、高失业等诸多问题所困扰。因此，中国企业在欧亚转轨国家的投资具有难得的历史机遇。

然而，对于许多中国企业来说，海外的投资环境还比较陌生，中国企业自身的治理结构方面仍存在不合理之处，与发达国家跨国公司相比，中国企业总体而言规模较小，技术水平相对落后。从国际环境看，许多国家开始实行贸易保护，对中国在某些领域的投资也持有抵触态度。中国的对外投资的管理体系也存在一些不完善之处，这些方面的问题制约了中国企业的海外投资活动。因此，从政府角度看，应该制订优惠政策、提供服务，促进中国企业海外投资的顺利进行。

第二节　基本概念体系

本书关于中国企业对欧亚国家投资研究的概念体系，包括"对外投资"与"欧亚国家"两大类。对外投资顾名思义，是一国向境外的投资，其本源概念应从"投资"概念探寻。投资常常作为经济学概念，但与会计学、金融学中的含义互有区别。投资作为资本的投入过程，其概念与资本相联系，与之相关的概念包括资本形成、资本市场等；对外投资概念则与国际资本相联系，与之相关的概念有包括资本输出、国际资本市场、资本国际化等。而"欧亚国家"则是一个不十分严格的范围，常常指俄罗斯与中亚国家，也可以指后苏联地域空间，也可指俄罗斯、东欧、中亚等原社会主义苏联、东欧国家。

一　对外投资的概念体系

马克思主义政治经济学深入剖析了资本的内涵。马克思从剩余价值理论的视角对资本的本质进行剖析，把资本定义为"能够带来剩余价值的价值"，资本体现了资本家剥削雇佣工人的资本主义生产关系。马克思认为，资本最初总是表现为一定数量的货币，但货币本身并不是资本，作为资本的货币和作为商品流通的货币之间存在本质区别。资本家用来购买生产资料的资本是不变资本，用来购买劳动力的是可变资本。劳动力成为可交易的商品，是货币转化为资本的前提和关键。从资本积累理论看，资本主义扩大再生产指资本家把工人创造的剩余价值的一部分转化为资本，使生产在扩大的规模上进行。资本积累的实质是剩余价值的资本化。马克思主义政治经济学对资本的构成进行了考察，提出了资本的有机构成概念。由生产技术水平决定的生产资料和劳动力之间的比例是资本的技术构成，而由资本技术构成决定并反映技术构成变化的资本价值构成是资本的有机构成。从资本循环与周转角度看，马克思主义政治经济学对产业资本的循环进行了考察。产业资本依次经过的三个阶段，采取三种不同的职能形式，最后回到原来的出发点，在连续不断的循环过程中，包含着货币资本、生产资本和商品资本等三种循环形式。在资本的周转过程中，生产资本按价值的周转方式分为固定资本和流动资本。

马克思主义政治经济学还对商业资本、产业资本、借贷资本、银行资本、股份资本进行了考察。资本主义发展到垄断阶段后，在工业集中的基础上产生了银行业的集中。银行业集中到一定程度，形成了银行垄断同盟，银行也由简单的中介人变成了万能的垄断者。银行资本和工业资本不断溶合，形成金融资本和金融寡头，并通过"参与制"实现其在经济上的统治，控制整个国家经济命脉，操纵社会经济生活和政治生活。

马克思主义政治经济学关于资本国际化与对外投资的观点是：随着资本主义的发展，少数最富有的国家出现了大量的"过剩资本"，但国内缺乏有利可图的投资场所，因此进行资本输出。随着资本输出，许多落后国家卷入世界资本主义的经济体系，资本主义国家通过资本的输出，占有原材料来源，争夺投资场所，重新瓜分世界和争夺势力范围，对其他国家进行经济掠夺和政治控制。资本输出的形式分为借贷资本输出和生产资本输出，资本输出加速了经济落后的输入国自然经济的瓦解，使资本输入国资本主义生产方式得到某些发展，但使输入国的经济畸形化，使输入国在政治上居于从属地位。由于资本输出，输出国的发展会出现停滞，也加剧了资本主义国家发展的不平衡，激化了帝国主义国家之间的矛盾和冲突。

在西方经济学的概念体系内，资本被视为生产要素之一。经济学的生产理论中，把生产过程中的投入称为生产要素，生产要素一般划分为劳动、资本、土地和企业家才能等要素。资本指生产过程中投入的厂房、机器设备、原材料、燃料、货币等。在生产函数的讨论中，常常把劳动视为可变的生产要素，而资本则视为不变的生产要素。例如，生产函数的形式常被定义为：

$$Q = f(L, \bar{K})$$

柯布—道格拉斯生产函数常采用的形式为：

$$Q = AL^\alpha K^\beta$$

其中，技术要素为 A，α 反映了劳动在生产过程中的权重，而 β 则反映了资本在生产过程中的相对重要程度。

在经济增长理论的论述中，资本存量的变化视为投资，即以 K 表示资本，资本的变动 ΔK 为投资，即：

$$I = \Delta K$$

在会计学中，资本是资产的一部分。会计学中的资产，指企业拥有或控制的能够以货币计量、能够给企业带来未来收益的经济资源；资产由负债和所有者权益两部分构成，其中，所有者权益也称为所有者的资本，是资产减去负债后的剩余部分，也称企业的净资产，是企业的所有者拥有的企业净资产的价值。①

以资本的概念为基础，西方经济学、会计学、金融学、投资学均以资本的基本概念出发，形成与资本与投资相关的概念体系，包括资本形成、资本市场、资本输出、国际资本市场、国际投资、资本国际化、风险投资，私募股权投资，银行信贷，天使投资等概念。

《新帕尔格雷夫经济学大辞典》关于投资的概念是：投资就是资本形成——获得或创造用于生产的资源。资本主义经济中非常注重在有形资本——建筑、设备和存货方面的企业投资。但是政府、非盈利公共团体、个人也进行投资，它不但包括有形资本，而且包括人力资本和无形资本的获得。原则上，投资还应包括土地改良和自然资源的开发。②

曼昆对投资的解释是：投资是对资本设备、存货、作为生产的建筑物（例如厂房）的购买行为。投资行为也包括购买新房屋，美国一般把购买房屋的行为算作投资而非消费。曼昆《经济学原理》中关于投资的概念是这样阐述的：

> Investment is the purchase of capital equipments, inventories, and structures, such as the General Motors factory. Investment also includes expenditure on new housing (by convention, expenditure on new housing is the one form of household spending categorized as investment rather than consumption). ③

萨缪尔森和诺德豪斯在其合著的《经济学》第 16 版中，阐述了投资的概念，把宏观经济学中的投资定义为生产性资产存量的增加。该书指出，生产性资产指的是诸如资本货这类资产，包括设备、建筑物或者存货。《经济学》第 16 版还特意把人们日常购买土地、证券和房地产这类金

---

① 所有者权益的英文是 owner's equity，也常被称为 capital。

② 见《新帕尔格雷夫经济学大辞典》第二卷，第 1053 页。

③ Principals of Economics, N. Gregory Mankiw, China Machine Press 1998. Printed in China by Harcourt Brace & Company Asia Pte LTD under the special arrangement with The Dryden Press, Harcourt Brace College Publishers. P. 484.

融交易称为金融投资，而经济学所指的投资则是实际资本的形成。[1] 萨缪尔森还认为，企业投资有三个决定因素，分别是收益、成本和未来预期。[2]《经济学》第 16 版的阐述如下：

> Remember that macroeconomists use the term "investment" or "real investment" to mean additions to the stock of productive assets like capital goods – goods being equipments, structures, or inventories. When IBM builds a new factory or when the Smiths build a new house, these actions represent investment. Many people speak of "investing" when buying a piece of land, an old security, or any title to property. In economics, these purchases are really financial transactions or "financial investments", because what one person is buying, someone else is selling. There is investment only when real capital is created.

威廉·鲍莫尔和阿兰·布兰德合著的《经济学：原理与政策》第九版也提及投资的定义。其表述是：大多数人提起投资，指的是"投资"于股票市场或者把钱存银行，但那类"投资"仅仅是一种金融资产（例如货币）与另一种金融资产（例如股票）之间的交换。而经济学家所说的投资，是指购买一种新的、实物性质的资产，例如一个钻床，一台电脑或者一座房屋。对两种投资概念加以区别很重要，因为只有经济学家定义的投资，才直接增加了新产品的需求。[3]《经济学：原理与政策》一书的表述如下：

> Most people speak of investing in the stock market or in a bank account. But that kind of investment merely swaps one form of financial asset

---

[1] Economics, 16th edition, Paul A. Samuelson, William D. Nordhaus. The McGraw – Hill Companies, Inc. P. 424.

[2] 即 revenues, costs and expectations。Economics, 16th edition, Paul A. Samuelson, William D. Nordhaus. P. 424—426。

[3] William J. Baumol, Alan S. Blinder, "Economics, Principles and Policy", 9th edition. Peking University Press 2006, Original language published by Thomson Learning (a division of Thomson Learning Asia Pte Ltd) . P. 507.

（such as money） for another form （such as share of stock）. When econo-mists speak of *investment*, they mean instead the purchase of some *new*, *physical asset*, such as a drill press, a computer, or a house. The distinction is important here because it is only the economists' kinds of investments that constitute direct additions to the demand for newly – produced goods.

理查德·弗罗恩的《宏观经济学：理论与政策》第八版中，对投资概念做出了明确的界定，其表述是：投资是由企业部门购买的产品加上居民住宅建设。GDP 中的投资部分由三部分构成：一是企业的固定资产投资，该部分所占比重最大。企业固定资产投资包括企业购买的厂房与设备，即资本货。二是居民住房投资。三是存货投资，表现为企业存货水平的变动。存货投资可正可负，净投资等于总投资减去折旧。① 其原文表述如下。

Investment：part of national product purchased by the business sector plus residential construction. The investment component of GDP consists of three subcomponents. The largest of these is business fixed invest-ment. Business fixed investment consists of purchases of newly produced plant and equipment—the capital goods discussed previously. The second subcom-ponent of investment is residential construction investment, the building of single – and multifamily house units. The final subcomponent of investment is inventory investment, which is the change in business inventories. As noted, inventory investment may be positive or negative. Net investment equals gross investment minus depreciation.

由上述表述可见，《新帕尔格雷夫经济学大辞典》把投资定义为资本形成，并区分了有形资本、无形资本、人力资本等概念，还指出了投资应包括土地改良和自然资源的开发。曼昆的定义较为简练，把投资定义为购买资本设备、存货和建筑物，并指出购买房屋的行为在美国算作投资。萨

① Richard T. Froyen, Macroeconomics：Theories and Policies, 8th edition, Peking University Press 2005, Original edition published by Pearson Education, Inc. publishing as Prentice Hall.

缪尔森和诺德豪斯把投资定义为生产性资产存量的增加,并进而定义了生产性资产。萨缪尔森和诺德豪斯区分了人们的日常交易性"投资"与经济学中实际资本形成的区别。威廉·鲍莫尔和阿兰·布兰德关于投资的定义与萨缪尔森和诺德豪斯的定义相仿,区分了日常概念中的投资(即金融交易性投资),把投资定义为对新的实物资产的购买行为。理查德·弗罗恩在其编写的经济学教材中,关于投资的定义更加理论化,明确指出投资包括企业部门购买的产品加上居民住宅建设。理查德·弗罗恩进而对 GDP 中的投资分解为三部分,即资本货投资、居民住房投资和存货投资。西方经济学家关于投资的定义彼此有所差别,但其共同点是把投资理解为用于生产的资本的形成。

马克思主义政治经济学与西方学科关于资本与投资都提出了各自的概念体系。二者的共性是承认资本的所有权性质以及资本能够带来未来价值。二者的本质区别是,马克思主义政治经济学所主张的是劳动价值论,认为价值是凝结在商品中的无差别的人类劳动;而资本是能够带来剩余价值的价值,是带来剩余价值而不是创造剩余价值,只有劳动才能创造价值。西方经济学则认为资本是生产要素的一种形式,和其他生产要素共同创造价值,因此,资本应该作为一种起到贡献作用的要素而分享一部分利润。在资本与投资定义的基础上,马克思主义政治经济学与西方经济学衍生出各自的对外投资概念。

二 欧亚国家的概念

"欧亚"对应的英文和俄文分别是 Eurasia 和 Евразия,在英文与俄文词典中的释义均为"欧亚大陆",是欧洲大陆和亚洲大陆的总称。这个释义是一般性概念,指地理意义上的"欧亚",意思相当于 Europe 和 Asia 的联合,因为欧洲大陆和亚洲大陆是连在一起的。然而"欧亚"一词还具有地缘政治含义,常用来特指苏联解体后,原苏联境内各加盟共和国所在的地域,这一范围与"独联体"的范围几乎重合。"欧亚"一词也常被用来称呼俄罗斯、中亚国家和外高加索国家。

哈萨克斯坦常用"欧亚"一词来称呼自己所处的地域,该国的机构常以"欧亚"冠名,例如"古米列夫欧亚国立大学",哈萨克文为 Л. Н. Гумилёв атында ■ ы Еуразия ■ лтты ■ университет ■(俄文为 Евразийский Национальный университет имени Л. Н. Гумилёва;英文为

L. N. Gumilev Eurasian National University)①。

俄罗斯也常常自认为是欧亚国家，而不仅仅是一个欧洲国家，这种观念体现了俄罗斯对国家属性的自我认知，这种认知源自俄罗斯的地理位置、历史、宗教文化等诸多因素。苏联解体后，在前苏联的地区范围内，各加盟共和国独立后，各国之间在经济上的联系短时间内难以切断，独联体成为该地区的国际组织。苏联解体后，俄罗斯的欧亚战略经历了调整过程。在后苏联空间成立的国际组织和举行的会议，也常以欧亚冠名，例如："欧亚经济共同体"（俄文为 Евразийское экономическое сообщество；英文为 Eurasian Economic Community）。2010 年 10 月，时任俄罗斯总理的普京提出了"欧亚联盟"的概念（其俄文为 Евразийский союз；英文为 Eurasian Union）。"欧亚联盟"这个概念的命名规则与欧盟（European Union）一致，为"地域名称 + Union"结构。从俄文角度，欧亚联盟所用的союз 一词，也是"苏联"（Советский Союз）一词中的"联盟"（Союз）称谓②。

从学术研究的分类看，美国的大学和研究机构常常把斯拉夫研究、欧亚研究和东欧研究归于同一类。例如，哥伦比亚大学哈里曼研究所（Harriman Institute, University of Columbia）是专门研究俄罗斯、欧亚与东欧问题的研究所③；加州大学伯克利分校（University of California, Berkeley）下设斯拉夫、欧亚与东欧研究所（Institute of Slavic, Eurasian and East European Studies）④；杜克大学（Duke University）下设斯拉夫、欧亚与东欧研究中心（Center for Slavic, Eurasian and East European Studies）⑤；北卡罗来纳大学 Chapel Hill 分校（University of North Carolina at Chapel Hill）下设斯拉夫、欧亚与东欧研究中心（Center for Slavic, Eurasian and East European Studies, CSEEES）⑥；得克萨斯大学奥斯丁分校（University of Texas at Aus-

---

① 见网页 http：//www. enu. kz/。

② 此处仅讨论"欧亚"概念。哈萨克斯坦总统纳扎尔巴耶夫 1994 年在莫斯科大学的一次演讲中首次提出欧亚联盟的概念。2011 年 11 月 18 日，俄罗斯、白俄罗斯、哈萨克斯坦三国总统签署了成立欧亚联盟的协议，把成立欧亚联盟的目标定于 2015 年。

③ 见网页 http：//www. harrimaninstitute. org/。

④ 见网页 http：//iseees. berkeley. edu/。

⑤ 见网页 http：//www. duke. edu/web/CSEEES/。

⑥ 见网页 http：//cseees. unc. edu/。

tin）下设斯拉夫与欧亚研究系（Department of Slavic and Eurasian Stud-
ies）①；哈佛大学下设"戴维斯俄罗斯与欧亚研究中心"（Davis Center for
Russian and Eurasian Studies）②；在哈佛大学图书馆的馆藏分类中，斯拉夫
与欧亚研究属于一类（Slavic and Eurasian Studies）③；纽约国立大学阿尔巴
尼分校（State University of New York at Albany）下设斯拉夫与欧亚研究项
目（Slavic and Eurasian Studies）④；美国关于该领域的学会主要是"斯拉
夫，东欧与欧亚研究学会"（Association for Slavic, East European and Eura-
sian Studies），该学会成立于 1948 年，其前身是"美国斯拉夫研究促进学
会"（American Association for the Advancement of Slavic Studies）⑤。从以上
学术机构的命名看，斯拉夫研究、俄罗斯研究、欧亚研究和东欧研究往往
被归于一类，但又是相互区别的概念。斯拉夫研究较侧重于历史文化含
义，而欧亚主要被视为地缘概念，欧亚研究主要是对后苏联空间的研究。

　　国内关于欧亚地区的命名规则，可参考外交部主管部门的命名。中华
人民共和国外交部下设欧亚司，主要职责是"贯彻执行国家的外交方针政
策；调研规划我国与主管地区、国家的双边关系；办理与主管地区、国家
的相关外交事务，办理对外交涉；指导协调涉及主管地区、国家的具体政
策和交往合作；指导驻外外交机构有关业务；承担重要外交活动、文件和
文书非通用语翻译工作"。但欧亚司没有独立的网页内容，也没有明示其
对象国。在外交部网页上关于欧亚司的介绍中，上海合作组织和亚洲相互
协作与信任措施会议（亚信论坛）属于该司的工作职责范畴。亚信论坛共
有 22 个成员国：中国、阿富汗、阿塞拜疆、印度、埃及、伊朗、以色列、
约旦、哈萨克斯坦、韩国、吉尔吉斯斯坦、蒙古、巴基斯坦、巴勒斯坦、
俄罗斯、塔吉克斯坦、土耳其、阿联酋、乌兹别克斯坦、泰国、越南、伊
拉克。共有 11 个观察员（国家或国际组织）：美国、日本、印度尼西亚、
马来西亚、乌克兰、卡塔尔、沙特阿拉伯、孟加拉以及联合国、欧安组织
和阿拉伯国家联盟⑥。

---

　　①　见网页 http：//www. utexas. edu/cola/depts/slavic/。
　　②　见网页 http：//daviscenter. fas. harvard. edu/。
　　③　见网页 https：//hcl. harvard. edu：8001/research/guides/slavic/。
　　④　见网页 http：//www. albany. edu/undergraduate_ bulletin/department_ languages_ slavic. html。
　　⑤　见网页 http：//aseees. org/。
　　⑥　见外交部关于欧亚司的介绍网页 http：//www. fmprc. gov. cn/chn/pds/wjb/zzjg/dozys/和关
于亚信论坛的网页 http：//www. fmprc. gov. cn/chn/pds/wjb/zzjg/dozys/dqzzoys/yzxhxz/。

与欧亚相关的概念还包括"转轨国家"或"转轨经济体"。转轨经济体（英文：Transition Economies）指从中央计划经济向自由市场经济转型的国家。符合这一定义的国家包括前苏联东欧地域范围内的国家，但也包括一些亚洲国家，如中国、越南等。2000年，IMF列出的转轨经济体的名单包括：阿尔巴尼亚、亚美尼亚、阿塞拜疆、白俄罗斯、保加利亚、柬埔寨、中国、克罗地亚、爱沙尼亚、格鲁吉亚、匈牙利、拉脱维亚、立陶宛、哈萨克斯坦、吉尔吉斯斯坦、老挝、马其顿、摩尔多瓦、波兰、罗马尼亚、俄罗斯、斯洛伐克、斯洛文尼亚、塔吉克斯坦、土库曼斯坦、乌克兰、乌兹别克斯坦、越南。其中，中国、柬埔寨、老挝和越南被视为转轨国家。2002年，世界银行把波斯尼亚、黑塞哥维那和南斯拉夫共和国联盟（南联盟）定义为转轨经济体。2009年，世界银行又把科索沃定义为转轨经济体。目前，转轨经济学也已成为经济学研究的一个分支领域，随着苏联东欧的解体和该地区各国的政治与经济转轨进程，经济转轨问题的研究及转轨经济学更受瞩目。

本书的研究范围是中国企业对欧亚转轨经济体的投资。欧亚转轨经济体指东欧剧变、苏联解体后，在前苏联、东欧范围内进行经济转轨的国家，主要地域范围包括俄罗斯、东欧和中亚三大区域。

第三节　研究视角与方法

一　研究视角

（一）国内关于对外投资的研究视角

近年来，随着中国企业对外投资规模的迅速扩大，学术界对中国资本的国际化问题予以高度关注，相关的研究成果颇丰。对于中国资本国际化的研究，国内大多数专著和论文侧重于对外直接投资，学术研究成果涉及中国企业对外能源投资、中国企业对外投资的产业选择、区位选择、中国企业对外投资与国内产业结构调整、对外投资的税收问题等。这种研究状况与国内学科、专业的划分存在密切的关系。在西方的经济类教材中，经济学、会计学和金融学中的投资概念存在区别；中国的经济学课程包含马克思主义政治经济学和西方经济学两大类，"西方经济学"对应于西方的"经济学"（economics）；中国的金融学教育把投资区分为"投资学"和"证券投资学"，其中，"证券投资学"对应于西方的"投资学"（Investments）。对外直接投资的概念与国内的"西方经济学"中的投资概念保持了较强的一致性，但这个概念不包含国际证券投资。

国内学术界专注于对外直接投资的研究，与现阶段中国企业对外投资的特点相适应。对外直接投资包括新建投资和并购两种基本方式，其性质属于产业投资。对外直接投资的快速发展，是中国企业取得快速发展后，进入国际市场的现实要求，是中国宏观经济再均衡的要求，也是中国发展对外经贸关系与外交关系的战略需求。学术界关于中国资本国际化与企业对外投资的研究，更加倾向于针对具体的领域开展更加细化的研究，在这种研究范式下，学术界关于中国资本国际化问题集中于探讨对外直接投资，关于对外投资的研究主要在产业选择的框架下进行探讨。从对外投资问题的研究范围看，国内的研究一般侧重于对外直接投资的动因、产业选择、区位选择、风险，以及对外直接投资对母国与东道国的影响等，研究范围主要在新建投资（即绿地投资）方面，金融证券投资方面的研究很少，关于对外投资的信贷支持、对外援助等资本国际化的其他方式，以及人民币国际化支持对外投资、外汇支持对外投资等问题的研究相对较少。

从对外投资方式看，对外直接投资是中国产业资本国际化的形式，而对外证券投资则是货币资本对外投资的方式，二者虽然形式不同，但从本质而言存在共性，体现了中国的产业资本成长壮大后，通过"走出去"参与资本国际化的客观规律。如果把对外投资问题纳入中国资本国际化的框架进行研究，就能够提炼出各种类型的对外投资方式的同一性，并能够在一个更为开阔的视角和统一的分析框架下进行开展研究，总结、归纳出更为一般性、普遍性的规律，得出更为全面的结论。

（二）本书的研究视角

本书关于对外投资问题的研究，力图突破这种研究范式，其原因是力图从资本国际化的角度来考察中国企业的对外投资。由"引进来"发展到"走出去"，引进外资与对外投资相结合，体现了中国对外经济政策的完善。对外投资，无论是实物投资还是金融投资，都是随着中国企业的成长壮大而出现的必然趋势，对外投资的本质是中国资本的国际化。资本的性质是追求利润，中国资本走出国门，其目的是通过全球化经营而实现保值、增值，促进经济发展。中国企业对外投资，在资源获取、市场寻求、边际产业转移、通过外溢效应提升产业结构等方面具有重要意义，并有利于促进中国宏观经济的均衡和国际收支的平衡。产业资本的对外投资与金融资本对外投资的区别在于是否以控股为目的。马克思主义政治经济学侧重于考察产业资本与金融资本对利润的分割。产业资本的对外投资与金融资本的对外投资投资，从本质而言具有内在的一致性。

本书试图从中国资本国际化的角度进行考察，把对外直接投资和对外金融投资视为资本国际化的方式选择，把对外直接投资和对外金融投资纳入同一个框架下进行研究。事实上，如果进行对外金融投资（即证券投资），例如购买国外的股票或外国的国债，则意味着为其他国家投资者提供融资。通过资本国际化的视角考察，也就把国际投资与融资纳入同一个框架下进行研究。对外投资是中国企业的行为，而国内的金融机构可以通过信贷支持、股份参与等方式，支持对外投资，这样就使中国企业的对外投资问题扩展到中国资本的国际化问题，把各种参与对外投资主体的行为统一纳入中国资本国际化问题，以资本国际化和国际资本流动的视角进行考察。

本书首先从资本国际化的历史考察入手，把握资本国际化与国际资本流动的发展趋势，然后以宏观经济内外均衡为视角进行分析，论证资本国际化对于中国经济均衡、稳定与持续发展的必要性，即中国资本国际化与对外投资的动因。在对中国宏观经济的内外均衡问题进行考察的基础上，再根据对外投资的宏观、产业和微观动因及风险特征，提出资本国际化与对外投资的战略选择，具体包括宏观经济外部均衡中的资本国际化战略、促进对外投资主体形成的战略、对外投资的产业选择战略、区位选择战略、对外投资的方式选择战略，以及对外投资的风险规避策略。然后，本书对政府的角度，提出了促进资本国际化的政策建议。

本书在对中国资本国际化及对外投资问题进行研究的基础上，还进一步考察中国企业对欧亚转轨国家的投资。国内这方面的研究成果较少，大部分研究侧重于对俄罗斯的投资。从这些研究成果看，关于欧亚国家的投资环境的研究较多，对中国企业向欧亚国家投资的动因问题较少涉及，研究成果的理论支撑也有所欠缺。本书力图以经济理论为基础，剖析中国企业对欧亚转轨经济体的投资。关于中国企业对外投资方面许多研究结论，可以适用于解释中国企业对欧亚国家的投资，本书一方面研究中国企业对外投资的共性；另一方面也在此基础上，对中国企业对欧亚国家做出了研究。针对某一特定地区的对外投资问题的研究，是对外直接投资区位选择的研究内容，传统的对外投资区位选择理论着眼于特定的区位优势。从现实情况看，中国企业对欧亚国家的投资的份额在对外投资中的比例仍较小。近年来，尤其是金融危机后，许多欧亚国家对中国企业的投资持欢迎态度，中国企业对欧亚国家的投资具有良好的机遇和较大的潜力。然而，中国企业对欧亚地区的投资环境却并不十分熟悉，制约了对该地区的投资。本书分析了欧亚国家的转轨与经济特点，提出中国资本欧亚投资的特点与特殊意义；根据欧亚国家的现实条件，提出中国企业对欧亚国家投资的战略；同时也提出促进中国资本对欧亚国家投资的政策建议。

二 研究方法

中国企业对外直接投资问题，是一个涉及中国与对象国的宏观经济、中观产业、微观企业、兼并收购、市场环境、财务税收、法律规制、风险障碍、企业文化乃至政治、外交等多方面的复杂问题。全面研究对外直接投资问题，需要多学科的综合研究。本书的研究对象是中国企业对欧亚国家的投资，这又需要把对外投资的研究分析的结论具体到欧亚国家。

中国资本国际化问题，涉及多个学科，包括经济学、管理学、公司财务、投资学、国际关系等学科的内容。与资本国际化问题密切相关的理论众多，开放条件下的宏观经济理论和国际金融学提供了宏观经济内外均衡的分析框架，阐释了中国资本国际化与对外投资问题的宏观动因。对外直接投资理论从企业和产业的角度，从对外投资的优势、动因、区位选择和产业选择方面进行考察。对外投资主体的研究涉及新制度经济学、企业的国际治理、国际竞争力等方面的理论。对外投资的产业研究涉及产业经济学与产业的国际化问题研究。对外投资的战略选择研究除上述学科背景外，还需要考察国际关系与中国的对外战略。关于对外投资的政策建议的研究，需要考察政府职能，需要公共选择理论、公共经济学和新制度经济学的支撑。对于投资风险的研究，需要借助于证券投资学、保险学的学科背景。在考察投资对象国的社会政治环境时，需要政治学和社会学学科背景；考察对象国的财税与外资政策时，需要税法与财政学背景。如果要对资本国际化与对外投资的国际国内法律规制进行研究，则需要法学学科背景，例如对税法与国际避税问题的研究，以及 WTO 规制与地区经济一体化的专业研究背景。对投资的区位与环境的研究，又需要经济地理学学科背景。中国资本国际化问题还涉及人民币汇率与外汇储备问题、人民币自由兑换与国际化问题、资本项目的管制问题等。关于中国企业对欧亚国家投资的研究，还需要对欧亚国家进行具体考察，对俄罗斯、东欧、中亚主要国家的经济转轨、经济发展模式等问题进行考察，同时也需要了解欧亚国家的政治转轨、国内政治形势与对外政策。欧盟东扩后，东欧许多国家加入了欧盟，三个东欧国家加入了欧元区，又需要了解欧盟的规制背景及最优货币区理论背景。

资本国际化问题，是对资本的跨国运动进行考察，本质上是对资本的考察研究。马克思的资本论对资本进行了科学的考察，深刻揭示了资本的本质和资本主义的生产方式。而西方的经济学派通过资本形成与投资的视角对资本进行考察。随着国际资本市场的发展，关于投资问题的研究又产生了新的内容，证券投资学产生并取得了重大理论成就，产生了以资本市场为考察对象，以资产定价为核心内容的金融投资学，以及以企业在资本市场上融资为核心内容的公司财务学（或称公司金融学、公司理财学）。第二次世界大战后，跨国公司的兴起，成为国际资本流动的主体，跨国公司的直接投资成为资本国际化的重要研究对象。对国际投资的研究，集中在资本视角、产业视角和企业视角。中国企业对外投资活动的研究，可以从多个角度进行考察。从宏观意义上看，对外投资是中国资本的国际化；从产业意义上看，对外投资是中国产业的国际化；从对外投资微观主体意义上看，对外投资是中国企业的跨国经营。对外投资是宏观、产业和微观三个视角的统一。从国家角度看，对外投资在宏观经济政策、产业政策、企业治理，以及外交政策等方面，均具有重要的理论与现实意义。本书试图从多个层面对中国企业的对外投资行为开展较为全面研究，并在此基础上进一步研究中国企业对欧亚转轨国家的投资，并提出中国资本进入欧亚国家的战略和相关政策。

从历史发展角度看，资本的国际化的考察可以追溯到马克思对资本输出的考察。随着资本主义的发展和世界格局的变化，资本国际流动的形式也发生了深刻变化。本书的研究从资本国际化的历史考察入手，从历史的发展趋势寻找当今资本国际化的特征，以便于把握资本国际化的本质规律。在本书的写作过程中，重视资料和数据的可靠性和翔实性。不仅试图用实证方法研究"是什么"的问题，而且也对中国资本国际化和企业对外投资"应该怎么做"，政策应该采取何种激励机制提出了观点，从企业和政府两个层面，提出了中国资本国际化与欧亚投资的战略、政策与策略。在论述过程中，在注重学理性、逻辑分析、历史考察的同时，注意列举例证，列示统计数据，使论证过程更翔实可信。

第二章 理论综述与探讨

关于资本国际化理论的流派众多。马克思主义、西方经济学家和中国学者对资本国际化、国际投资理论做出了各自的阐释。本书将对国内外的资本国际化理论加以综述评析，对多种理论加以回顾、梳理、归类，并从不同的视角进行对比与分析。

第一节 理论框架

资本国际化常被称为资本的国际流动，或国际资本流动，在学科领域常被归于国际投资理论的范畴。实际上，资本国际化的方式，即国际资本流动的方式，应包括以下基本类型，即：国际直接投资、国际证券投资、国际信贷和国际援助。学术界对资本国际化的研究，集中在国际投资方面。而国际投资理论又可分为国际直接投资理论和国际证券投资理论，当前的学术研究又集中在国际直接投资领域。从经济学研究的不同立场，国际投资理论可以划分为马克思主义理论和西方学者的理论两大流派；以投资方式为分类标准，国际投资理论可以划分为国际直接投资与国际证券投资两大类；其中，国际直接投资又可进一步分为新建投资和并购投资两种。国际投资理论还可以划分为宏观、产业与微观三大层次。以竞争优势的强弱为标准，国际投资理论可以划分为全面优势论、相对式优势论和局部优势论。也可以把国际投资中的竞争优势，分为单一优势与多重优势两大类。从分析方法上，国际投资理论还可以归结为静态理论与动态理论两大类。

一　国际投资理论的基本分类

从经济学研究的立场出发，国际投资理论可分为马克思主义政治经济学和西方经济学，二者考察经济有立场的差别，而国际投资理论也相应地划分为两大流派，即马克思主义关于资本国际化的论述和西方的理论体系。马克思主义的对外投资理论可以进一步细分为马克思的论述、列宁的论述和中国的对外开放思路。

国际投资理论包括国际直接投资理论和国际证券投资理论。国际直接投资理论的特点是以产业投资为研究对象，是西方经济学分析架构的延伸。根据前文的论述，西方经济学理论中的投资，指的是新增的用于生产用途的投资，是西方宏观经济中构成总需求的三个基本要素之一，往往被定义为利率的函数。西方经济学的概念明确指出，作为资产交易的"投资"不属于经济学中的投资。国际证券投资理论专门对金融资产进行研究，该理论可分为三大部分：一是投资组合理论；二是资产定价理论；三是金融衍生品定价理论。

西方的国际投资理论流派众多，从投资方式上可以划分为两大类：一类是国际直接投资理论；另一类是国际证券投资理论。从国别上看，美英和日本学者对国际投资的贡献较多；从内容上看，关于对外投资的研究有宏观、微观、产业等多个视角；从竞争优势上看，可分为全面优势、相对优势和局部优势；从分析方法上看，还可以分为动态和静态的国际投资理论。

国际投资理论可以细分为发达国家的国际投资理论和发展中国家的国际投资理论，且两类基本的理论还可以做出更深层次的细分。在国际直接投资理论中，美英学者提出的理论主要包括垄断优势论、内部化理论、国际生产折中论、竞争优势论、产品生命周期论、投资发展周期论等；日本学者提出了边际产业扩张论。这两类理论从发达国家的优势出发，探讨对外直接投资的动因。随着发展中国家也开始进行对外直接投资，关于发展中国家对外直接投资的小规模技术论和技术地方化理论也应运而生。本书对于国际投资的基本分类，如图2—1所示。

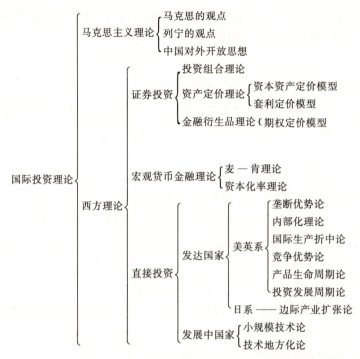

图 2—1 国际投资理论的基本分类

注：本书试图对国际投资理论体系进行梳理和重新分类。本书的分类试图囊括马克思主义的国际投资观点和西方的国际投资诸理论，包括国际直接理论、国际货币金融理论与国际证券投资理论。本书按照研究方法中的静态分析法与动态分析法，以及研究视角的宏观、中观和微观三个层面，对国际投资理论体系重新进行了归纳。

二 国际直接投资与国际证券投资

上文已述，西方的国际投资理论，可以分为国际直接投资与国际证券投资两大类。在马克思主义的分析框架下，国际直接投资与国际证券投资具有相同的本质。二者的区别是方式的不同。西方的国际投资直接投资理论，分为美英系与日系两个典型流派，属于发达国家的国际直接投资理论。美英系国际投资理论强调对外投资的在核心技术、管理、资金和企业规模等各方面的垄断优势，可称之为强式优势；日系国际投资理论注重企业相对优势的研究，主张在一国国内处于相对劣势而同时又在境外仍处于相对优势的产业，应开展对外投资。日系国际直接投资理论的优势可称为半强式优势，这种思路与产业的国际转移相联系。研究发展中国家对外投资的理论注重对相对优势的考察，主要包括小规模技术论和技术地方化理论。在激烈的国际竞争环境中，发展中国家的跨国公司也具有自身的独特优势，在其他发展中国家的市场能够找到某些比较优势。

三　国际投资理论的宏观、产业与微观分析

国际投资理论可以从宏观、产业和微观三个层次加以分类。如图2—2所示。马克思主义国际投资理论、麦—肯理论、资本化率理论、投资发展周期论从宏观视角分析国际直接投资，归于对外投资的宏观理论。马克思主义从宏观视角分析资本输出；麦—肯理论与资本化率理论从国际货币金融学的视角，对国际资本的流动的原因进行阐述，但未论及产业和企业的具体经营活动，归于货币金融层面的理论。投资发展周期论把投资发展的阶段与人均收入相联系，归于宏观层次的理论。日系的边际产业扩张论从产业的角度，对产业外移进行考察，归于对外投资产业层面的理论。微观理论从企业的角度考察对外投资。美英系国际投资理论归于此范畴。对发展中国家对外直接投资进行研究的理论，包括小规模技术论和技术地方化论，也归于微观层面的理论。国际市场折中论和竞争优势论既研究企业层面，又从宏观角度进行考察。

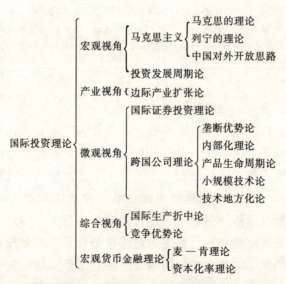

图2—2　国际投资理论的宏观、产业和微观视角

注：本书从宏观、产业、微观、货币金融，以及综合的视角，对国际投资理论体系进行重新分类。

四 国际投资的动因论

国际投资各种理论试图解释跨国投资者的竞争优势，解释国际投资的动因。根据各派理论所提出的对外投资者竞争优势的强弱程度，本书把国际投资理论划分为以下四类：马克思主义观点、垄断优势论、相对优势论、局部优势论。此外，国际投资理论也从宏观货币金融的角度，对国际投资的动因进行了探讨。

（一）马克思主义观点

马克思主义关于国际投资的观点可称作全面优势，或"强式优势"。马克思主义国际投资的观点，主要包括马克思关于生产过剩的论述，列宁关于帝国主义的论述与金融万能论。马克思和列宁所论述的国际投资过程，是资本从政治、经济方面占绝对优势的强国，流向处于绝对弱势的弱国和殖民地的过程。在马克思和列宁所处的时代，发达资本主义与帝国主义国家的跨国公司，在国际竞争中具有显著的优势。第二次世界大战前，帝国主义国家的企业，除核心技术、资金、管理、规模优势外，还享有国家实力的绝对优势，亚非拉还有很多地区是在经济和政治上居于从属地位的殖民地。

（二）垄断优势论

主要是美英学者的跨国公司理论，主要包括垄断优势论、内部化理论、国际生产折中论等。这种理论强调垄断优势，包括核心技术、资金、管理、规模等方面的优势。理论的产生与美国在第二次世界大战后的实力背景相对应。

（三）相对优势论

相对优势论包括边际产业转移论和竞争优势论，是"半强式"优势论。相对优势论承认国际投资主体并不拥有全面而绝对的优势。边际产业转移论产生的背景是：第二次世界大战后，日本跨国公司得到了快速发展，在国际上已经具备较强的竞争力。然而，在日本国内，一些跨国公司逐渐丧失了优势，这些跨国公司开始向境外进行梯度转移。日本跨国公司的产业转移，是向产业层次更低的国家进行的，这种特征与拥有全面优势的美国跨国公司的对外投资，在动因、产业与区位的选择方面都存在差异。因此，把日本的边际产业转移论归于相对优势论的范畴。竞争优势论关于对外投资的动因与优势的解释是，跨国公司的优势体现在价值链上最关键的"战略环节"。这种优势论所强调的也已经不是全面而绝对的优势，而是考察了跨国公司优势的多重性，并指出了诸多种优势中的关键环节。

（四）局部优势论

局部优势论属于"弱式优势"，是解释发展中国家对外投资的理论。主要包括两个理论：一是小规模技术论；二是技术地方化论。局部优势论产生的背景是发展中国家也出现了对外投资。传统的国际投资理论无法对发展中国家的对外投资做出合理的解释。小规模技术论和技术地方化论理论解释了发展中国家跨国公司的某些相对优势，包括针对小规模市场的小规模技术，以及对规范技术的创新改造，比较合理地解释了包括中国在内的经济发展相对落后的国家的跨国公司进行国际投资的动因。

（五）宏观货币金融理论

宏观国际货币金融理论主要包括麦—肯模型和资本化率理论。根据这两个理论，资本充裕的国家和币值坚挺的国家，是具备绝对优势的国家。这两个理论是从货币的角度来考察国际投资问题的。

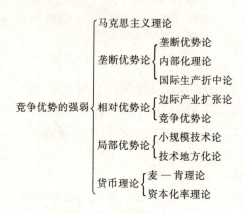

图2—3　竞争优势的划分

注：本图从对国际投资理论按竞争优势进行划分。

五　单一优势与多重优势

各派国际投资理论所强调的优势，有的是单一的，有些则是多重的。国际生产折中论阐述了多重优势，该理论总结了以往的国际投资理论，认为国际投资优势包括以下三方面：一是所有权优势；二是内部化优势；三是区位优势。相比之下，其他的国际投资理论派别，是从某一个角度出发来研究某一种优势（见图 2—4）。

- 优势的多重性
  - 多重优势 —— 国际生产折中论
  - 单一优势 —— 其他理论

图 2—4　单一优势与多重优势的国际投资理论

注：本图基于优势的单一与多重性，对国际投资体系进行分类。

六　国际投资的静态与动态分析

从静态与动态角度，可以把对外投资理论划分为动态和静态两大类型。经济学中的静态分析法忽略时间因素，该分析法包括以下两种方式：一是静态分析法；二是比较静态分析法。静态分析法的效果比较直观，但缺点是无法考察发展演绎的过程。经济学中的动态分析法，则是以时间为自变量，考察某一经济现象发展演绎的时间路径。动态分析法注重经济现象的发展过程。

静态的国际投资理论包括麦—肯理论和资本化率理论、全面优势的美系跨国公司理论和局部优势的发展中国家国际投资理论。动态的国际投资理论则包括马克思主义关于国际投资的观点、美系的两个国际投资周期论，即产品生命周期论与投资发展周期论；以及相对优势的两个理论，即竞争优势论与边际产业扩张论（见图 2—5）。

- 国际投资理论
  - 静态理论
    - 麦—肯理论
    - 资本化率理论
    - 垄断优势论
    - 内部化理论
    - 国际生产折中论
    - 小规模技术论
    - 技术地方化论
  - 动态理论
    - 马克思主义理论
    - 产品生命周期论
    - 边际产业扩张论
    - 投资发展周期论
    - 竞争优势论

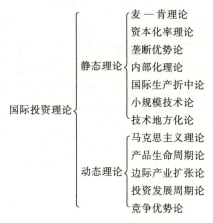

图 2—5　静态和动态国际投资理论

注：本图根据经济学研究方法中的动态分析与静态分析法，把国际投资理论划分为静态理论与动态理论两大类。

第二节　国际投资理论综述

一　马克思主义理论

马克思关于国际投资的着眼点是资本主义国家过剩资本的对外输出。列宁在此基础上，论述了国家垄断资本主义（即帝国主义）的特征，指出金融资本是该阶段的万能垄断者。中国的对外开放思想，是对马克思主义国际投资理论的发展。

马克思主义政治经济学的观点是，资本主义生产方式，导致生产和资本不断积累。但与此同时，也造成大量的剩余劳动力，造成了人口相对过剩与生产相对过剩，并进而导致资本过剩。为寻找新的市场，过剩的资本输往国外，国际投资由此产生。实质上，国际投资是解决国内资本过剩的一个途径。

列宁发展了马克思主义理论。列宁指出，随着国家垄断资本主义的发展，出现了国际垄断，资本主义发展到帝国主义阶段。在该阶段，产业资本和金融资本相互融合，形成了万能垄断者——金融资本，并向国外输出。帝国主义资本输出的方式有两种：一是借贷资本的输出，属于对外金融投资的性质；二是生产资本的输出，属于对外直接投资。帝国主义国家垄断资本的输出，控制了殖民地和落后国家的经济命脉，使这些国家的经济片面、畸形发展，沦为帝国主义国家的经济附庸。

中国坚持社会主义制度，引进市场机制，不断推进深化改革开放，促进了社会主义经济的发展。通过"引进来"和"走出去"相结合，形成了较为完善的对外开放政策体系，融入了国际经济体系，提升了中国企业的国际竞争力。中国的对外开放思想是对马克思主义的继承和发展。

马克思主义关于国际投资的观点归于全面优势论。剩余资本的输出国作为资本主义发展较早的国家，在当时的国际分工中居于绝对优势地位。列宁关于国家垄断资本主义和金融资本万能垄断者的论断说明，帝国主义国家相对于落后国家具有绝对优势。国家垄断资本主义和金融万能垄断者对落后国家和殖民地的优势，不仅体现在资金、技术、管理、规模方面，也体现在帝国主义国家在政治上的支配地位。

马克思主义关于国际投资的观点，属于宏观层面的动态理论。马克思和列宁的论断都以国家作为考察对象，因此是属于宏观的国际投资理论。

根据马克思主义的观点，国际投资的优势与资本主义的发展程度密切联系。因此，马克思主义的国际投资理论又属于动态理论的范畴。

马克思主义对资本的性质，进行了深刻的分析，指出了国际投资的本质特征。当前垄断资本主义的本质并未根本改变。源自美国的金融危机对全球经济造成了严重冲击，虽然在救助措施下度过了危机最严重的阶段，但本次危机并未真正结束，其负面影响也将呈现长期性和反复性。事实证明，马克思主义深刻揭示了国际金融危机爆发的根本原因，而西方经济学家却不仅未能预测到危机的到来，而且对危机造成的后果的估计以及全球经济前景也过于乐观。由此可见，马克思主义是科学的理论。

二　宏观货币理论

宏观货币理论包括麦—肯理论和资本化率理论。这两个理论都属于国际货币金融学的研究范畴，都是从纯货币的角度出发，对国际投资产生的原因进行分析。

（一）麦—肯理论

"麦—肯"理论由麦克杜加尔（MacDougall）创立，由坎普（Kemp）等进行完善。该理论认为，在资本富余的国家，由于货币供给多而导致低利率；而在资本稀缺的国家，则由于货币供给不足而导致高利率。国家之间利率的差异，或者资本的边际收益率的差异，是引起国际资本流动的根本原因。从资本的边际收益率角度考察，在资本富余的国家，资本的边际收益率低；反之，资本的边际收益率高。因此，资本为追逐更高的边际收益率，会从资本的富余国流向资本的稀缺国。从资本的边际收益率角度分析，得到的结论与从利率角度的分析是相同的。①

麦—肯理论的假设条件是世界上有对外投资国和东道国两类国家，假定两类国家的国内是完全竞争的。资本的价格被定义为资本的边际生产力，资本可以在国际间自由流动。由于资本的边际收益率递减，资本更为富余的国家的边际收益率低于资本稀缺的国家，从而引起资本从富余国流向稀缺国。对外投资虽然引起对外投资国产量的下降，但由于对外投资的

---

① 本段关于"麦—肯理论"的观点，来自相关的中英文文献。（1）英文文献来源：Macdougall："The Benefits and Costs of Private Investment from Abroad：A Theoretical Approach"，*Economic Record*，36，1960.（2）中文文献来源：杨大楷、刘庆生、刘伟《中级国际投资学》，上海财经大学出版社 2002 年版，第 106—108 页。

国外收益率高于国内收益率，对外投资国的总收益仍能够得到提高。而东道国则由于外资的进入而提高了产量，在外资报酬支付后仍能使国民收入增加。因此，资本的国际流动能够增加所有国家的国民收入。

麦—肯理论的在国际资本流动的框架下进行分析，基本论点是各国由于国内资本富余程度的不同而形成利率差别，以投资者以利润的差别为跨国投资的动机，从而解释资本国际流动的原因。该理论是宏观、静态理论，其贡献是从利率角度分析国际投资。在分析视角上，该理论把国际直接投资和国际证券投资放在同一个体系下考虑。

麦—肯理论的局限性体现在以下方面：一是该理论的假设前提是国际国内资本市场的完全竞争，国际资本市场具有完全信息，资本可以跨国完全流动，这显然是不符合实际情况的。直接投资以固定资产投资的形式存在，固定资产的流动性显然无法与证券投资相提并论。假如该理论成立，则国际投资行为很大程度上就是资本的国际套利行为，这与 20 世纪 60 年代后出现的以国际直接投资为主的国际资本流动的实际情况不相符。此外，该理论也难以对诸多的现实情况做出解释，例如，美国是国际直接投资的输出国，同时又是国际证券投资的输入国，麦—肯理论难以解释这种现象。麦—肯理论也无法解释发展中国家作为资本稀缺国向发达国家投资的现象。当前世界各国呈现相互投资的状况，说明世界范围内各个产业、各个市场存在不同的收益率，这一点又与国际和国内的资本市场完全竞争、完全信息的假设相矛盾。因此，该理论的局限性在于仅从货币角度分析国际投资的原因，无法得出令人信服的结论。该理论也无法解释国际资本的双向流动现象。

（二）资本化率理论

资本化率理论由阿利伯（Aliber，1970）在《对外直接投资理论》中提出。该理论把国际投资活动的原因归结为国家之间资本化率的差别。资本化率被定义为"资产价值除以资产收益的流量"，即：

$$资本化率 = \frac{资产价值}{资产收益的流量}$$

从上式可知，资本化率的含义是投资收益流量资本化的程度。资本化率越高，意味着单位资产收益流量形成的资产的价值越高，资本的预期收益上升。阿利伯注意到不同国家货币差别造成资本化率的差异，币值坚挺的国家的资本化率高于币值走低的国家。币值走强的国家的厂商收购币值走低的国家的企业，显然可以实现更低的融资成本。因此，国际投资的流向，是由币值坚挺的国家流向币值走低的国家。[①]

该理论是宏观、静态理论，认为20世纪50年代和60年代，美国向国外进行大规模投资的原因是由于美元币值的坚挺。如果套用该理论，中国企业对外投资的动因也可以用人民币的升值来解释，有一定的合理性。然而，该理论把国际投资仅归结为对外投资国的货币币值是否坚挺，具有片面性。无法全面解释国家间的双向投资现实情况。

三 发达国家对外投资的理论

（一）垄断优势论

垄断优势论由海默（Hymer，1960）提出，金德尔伯格（Kindleberger）和凯夫斯（Caves）等人进行了补充。垄断优势论认为，跨国公司对外投资的条件，是其在投资对象国，占有强势的垄断优势，并且这种优势足以弥补其在东道国面临的各种风险。这种垄断优势，包括核心技术、资金、管理水平和规模等方面，是全面的、绝对的优势。[②]

垄断优势论没有采用国际资本流动一贯采用的完全竞争假定，而是从微观主体的视角，强调对外直接投资过程中的经营控制问题，把企业的对外投资动机与不完全竞争理论相结合，以厂商的垄断优势和寡占市场的组织结构来解释对外投资。市场的不完全性主要包括：（1）产品和要素市场不完全，少数买方或卖方能够凭借对产量或者购买量的控制而影响市场价格的决定；（2）由于规模经济引起自然垄断，导致市场的不完全；（3）政府的干预引起市场的不完全。垄断优势论认为，企业的跨国投资行为是由于寡占竞争的需要而产生的，对外直接投资是在厂商具有垄断或寡占优势的条件下形成的。垄断优势论认为，厂商的优势在于大型跨国企业的巨额资本，这种优势又逐渐扩展到跨国公司的技术知识与研发创新能力、经营管

---

① 本部分关于"资本化率理论"的观点，来自相关的中英文文献。（1）英文文献来源：Aliber, R. Z. , "A Theory of Direct Foreign Investment", in Kindleberger, C. P. （ed.）*The International Corporation*, MIT Press, 1970. （2）中文文献来源：杨大楷、刘庆生、刘伟《中级国际投资学》，上海财经大学出版社2002年版，第116—117页。

② 本部分关于"垄断优势论"的观点，来自相关的中英文文献。（1）英文文献来源：Hymer, S. H. （1960）："The International Operations of National Firms：A Study of Direct Foreign Investment", *PhD Dissertation*, Published posthumously, The MIT Press, 1976. （2）中文文献来源：胡义《国际投资理论创新与应用研究——基于中间层组织的分析》，人民出版社2006年版，第30—32页。

理能力等无形资产方面的优势。这方面的优势对现代国际直接投资的动因能够进行较好地解释。无形资产优势能够带来超额收益，因此，厂商可以通过对知识产权的控制、扩大无形资产的使用范围来实现。从现代国际投资的实际情况看，跨国公司更加重视对知识产权的控制而进行直接投资，这与仅侧重于实物资产所有权的控制方式产生了区别。

垄断优势论不仅能够解释以美国为代表的发达国家的跨国公司的水平式对外投资，也可以解释垂直式对外投资。水平式对外投资指在外国投资而生产相同的产品，垂直式对外投资则是通过对外投资，把一种产品的生产环节分散到国外，形成国际范围内的产业内分工。垄断优势论是微观、静态理论，能够较合理地解释美国跨国公司对外投资的动因。然而，该理论要求的条件太强，只能解释美国跨国公司的对外投资，但无法解释发展中国家跨国公司的对外投资。

（二）内部化理论

内部化理论的来源是科斯定理。邓宁（Dunning）、巴克莱（Buckley）和卡森（Casson）等人把科斯（Coase，1937）关于交易费用不为零的学说引入国际投资理论，使国际投资的内部化理论得以创立。内部化的含义是：以公司内部的行政调拨来取代市场交易，从而达到降低交易成本的目的。根据内部化理论，跨国公司在对外投资过程中，应该把垄断优势保留在公司内部。跨国公司的垄断优势，主要是通过研发创新而获得的知识产品的优势。因为公司的知识产品由于容易复制而容易泄露，因而应该用对外投资的方式，建立海外子公司。[①] 因此，内部化属于产业组织理论。

科斯突破了经典的经济学交易费用为零的假设，把市场交易的成本分为四类：一是对贸易价格的寻找和确定成本；二是规定合同签约人责任与义务的成本；三是接受所签订合同的风险成本；四是对进行贸易活动所支付的交易成本。科斯认为，任何企业在市场机制下活动，都会发生交易成本、合同成本及合作成本。在交易费用不为零的前提下，而企业的内部组织和行政调拨的成本相对较低，是一种低成本、有效的方式。从交易成本内部化的角度，学术界对科斯的理论作了进一步阐述。美国企业史学家钱

---

① 本部分关于"内部化理论"的观点，来自相关的中英文文献。（1）英文文献来源：Buckley P. J. , Casson M：*The Future of the International Enterprise*，Macmillan，1976.（2）中文文献来源：胡义《国际投资理论创新与应用研究——基于中间层组织的分析》，人民出版社 2006 年版，第42—45 页。

德勒认为，在交易费用不为零的条件下，当公司的内部协调成本更小，且内部协调比通过市场机制的协调能带来更大的生产力、较低的成本和较高的利润时，现代大型企业就会取代传统的小公司，把若干个小企业之间的交易内部化，所节约的成本远高于单纯降低信息和交易成本而产生的节约。以交易费用不为零为前提假设的内部化理论，对现代企业的起源和成长提供了较为合理的解释。邓宁、卡森等把内部化理论拓展到国际直接投资领域，把内部化理论视为跨国公司形成及对外直接投资的根本原因。内部化理论在解释国际直接投资时，更强调知识资本的中间产品市场，而不是最终产品市场。该理论认为：知识资本的优势并不是推动对外直接投资的充分条件；企业对外投资的优势是在本国国内形成的。企业在做出向国外投资决策时，要求对外投资的成本更低，且对外投资的收益大于对外投资的成本。跨国公司为了降低对外投资的交易成本，倾向于构造一个内部化市场，即由公司内部调拨价格起主导作用的内部市场，并以此取代以市场均衡价格为主导的外部市场。

　　内部化理论的另一个重要观点是：跨国企业保持对自身具有优势的知识资本的控制，并以内部化的方式进行对外直接投资，其原因是知识产品的市场定价机制失灵，知识产品和产权的价格及产权的价格无法由市场定价，知识的模仿者和产权的盗用者可以以更低的成本获得产权与知识产品。因此，跨国公司的对外直接投资的原因是保持产权和知识优势，以构建内部化市场的方式进行对外直接投资，从而把企业的边界扩展到对外直接投资的东道国，形成跨国公司，使跨国公司内部生产安排、人力资源、组织管理、资源调配以及内部定价形成一个相互依存的内部化体系。通过这种方式，跨国公司的海外子公司把在国内市场上研发出的产品扩展到国际市场，在国际竞争中保持优势地位并获取补偿交易成本后的超额收益。

　　内部化理论是微观、静态理论，是一种产业组织理论的跨国延伸，其理论贡献是把科斯的交易费用经济学理论引入了对外投资理论，不仅是对垄断优势论的深化与发展，而且也拓展了投资学的研究视角，推动了投资学的发展。内部化理论的实质仍是强调垄断优势，只不过是把这种容易被模仿、抄袭的优势保留在跨国公司的内部。[①] 作为一种强调单一优势的理

[①]　胡义：《国际投资理论创新与应用研究——基于中间层组织的分析》，人民出版社 2006 年版，第 44—45 页。

论，内部化对跨国公司的对外投资未做出全面说明。

（三）国际生产折中论

国际生产折中论由邓宁（Dunning）提出，该理论把对外直接投资的动因归结为三方面个优势，即：（1）所有权优势；（2）内部化优势；（3）区位优势。该理论也称"三优势理论"，或OIL理论。[1] 其中，所有权优势指厂商在国际上的技术优势、规模优势、组织管理优势及资金优势，所有权优势对应于前文所述的垄断优势而与垄断优势有所不同。内部化优势对应于内部化理论的阐述。区位优势包括投资对象国的资源、生产要素、市场规模、基础设施、文化意识、政府政策等方面[2]，具体主要包括东道国丰富的自然资源优势、低成本而高素质的劳动力、优良的投资环境、优惠的外资政策等方面。邓宁认为，所有权有势、内部化优势和区位优势是国际直接投资的三个最关键要素，这三要素的组合可以确定各类直接投资，并可以进一步确定企业在对外直接投资、出口和许可合同三者之间的选择（见表2—1）。

表2—1　　　　　　　　　　　企业的三种优势与选择

企业选择　企业优势	所有权有势	内部化优势	区位优势
对外直接投资	√	√	√
出口	√	√	×
许可合同	√	×	×

资料来源：杨大楷主编《中级国际投资学》。

企业的所有权优势是参与国际市场活动的必要条件，即，如果企业参与任何一类的国际市场活动，包括国际贸易、对外直接投资和委托国外生产，则该企业具备所有权有势。只有东道国拥有区位优势，企业才会进行

---

① 即 Ownership，Internalization 和 Location。

② 本部分关于"国际生产折中论"的观点，来自相关的中英文文献。（1）英文文献来源：Dunning J. H.："Trade, Location of Economic Activities, and the MNE: A Search for an Eclectic Approach", in Ohlin B.（ed.），*International Allocation of Economic Activity*. Mcmillian, 1977.；Dunning J. H.："The Eclectic Paradigm of International Production: A Restatement and Some Possible Extensions"，*Journal of International Business Studies* 19（1），Spring, 1988.（2）中文文献来源：胡义《国际投资理论创新与应用研究——基于中间层组织的分析》，人民出版社2006年版，第45—50页。

对外投资，因此，区位优势是进行对外直接投资的充分条件。如果东道国没有区位优势，企业即使有所有权优势和内部化优势，也不会去那里投资，但可以向那里出口产品或委托生产。如果企业只具备所有权优势，而不具备内部化和区位优势，企业只能从事技术转移活动，委托东道国厂商代理生产，而无法对东道国进行出口和投资活动。

国际生产折中论是宏微观综合的、静态的复合优势论。其中，所有权优势和内部化优势属于微观视角，而区位优势属于宏观视角。该理论把多种因素加以综合，能够较全面地解释大规模跨国公司对外直接投资的优势与动因。然而，国际生产折中论仍无法解释中小企业的对外投资，也不能解释发展中国家许多跨国公司的对外投资。

（四）产品生命周期论

产品生命周期论由弗农（Vernon，1966）提出。弗农认为，企业在新产品开发后，会力图维持技术上的垄断地位，然而企业技术却不可能被长期垄断，创新性的技术可能在相当短的时间内就会被仿制或破解。于是，由于技术的垄断状况不同，竞争者逐渐增多，新产品将经历诞生、发展、衰退和消亡的过程。弗农把产品的生命周期，分为三阶段，即：（1）创新阶段。该阶段，新产品的开发者垄断了该产品的技术，首先在国内生产，供应国内市场，并通过出口，来满足其他发达国家的需要。不发生国际投资。（2）成熟阶段。该阶段技术逐渐扩散，竞争对手增多，垄断优势减弱。为降低运输成本，并靠近市场，开发者会进行对外直接投资。（3）标准化阶段。该阶段，技术进入标准化阶段，并已在全球普及，垄断优势彻底丧失。开发者在发展中国家进行直接投资，利用当地的廉价劳动力以降低成本。新产品的原开发者，反而进口该产品。[①]

产品生命周期论是微观、动态理论，该理论解释了国际投资的动因。提出了发达国家跨国公司，可以利用发展中国家的廉价劳动力优势。该理论能够较为合理地解释美国的对外投资。然而，该理论的局限性是：无法解释一些跨国公司专门针对海外市场开发新产品，并且直接占领海外市场的原因。

[①] 本部分关于"产品生命周期论"的观点，来自相关的中英文文献。（1）英文文献来源：Vernon R.："International Investment and Trade in the Product Cycle"，*Quarterly Journal of Economics*，May，1966.（2）中文文献来源：胡义《国际投资理论创新与应用研究——基于中间层组织的分析》，人民出版社 2006 年版，第 35—38 页。

（五）边际产业扩张论

边际产业扩张论是日本学者小岛清（Kojima）提出。该理论主要观点是：随着一国产业的发展，一些产业在国内将处于劣势，称之为边际产业，这些边际产业在某些东道国具有比较优势，则该产业应该通过对外投资向国外转移。边际产业向国外转移，首先从优势较低的产业开始。边际产业在投资东道国仍然具有比较优势，能够在当地继续发展①。小岛清认为，美国的对外直接投资理论是根据美国的状况而推断的，但无法解释当时日本的对外直接投资。美国的跨国公司主要分布在具有垄断优势的制造业部门，其对外直接投资具有贸易替代性，由于垄断优势而进行的对外投资会减少贸易，而对外投资的利润主要则是由垄断优势带来的，可能使对外投资国与东道国的福利收到损失。

边际产业扩张论坚持比较优势的分析框架，以对外投资国的要素禀赋的动态变化来解释对外投资。在边际产业扩张论看来，对外直接投资取决于要素禀赋优势的变化，主要是劳动力资源的比较优势的动态变化，产业从高工资国家向低工资水平的国家转移，经济先行发展的国家对发展中国家的投资，是按照要素的比较劣势进行的。

边际产业扩张论属于产业层面的理论，属于动态理论。该理论较符合日本当时的国情，对日本企业对外直接投资的动因的解释比较令人信服，也能够对新兴工业化国家的对外投资，包括中国企业的对外投资做出一定解释。该理论融合了跨国公司理论和国际贸易理论，其局限性是无法解释许多发展中国家跨国公司的对外投资。

（六）竞争优势论

竞争优势论由波特（Porter）提出，该理论的主要内容包括：一是提出了价值链的概念，把企业的价值创造过程分解为一系列相互区别又相互关联的经营活动。竞争优势论认为，这些相互依存的经营活动构成了企业的价值链，每项具体的经营活动都是价值链上的一个环节。二是提出国家之间的比较优势体现在价值链上某一特定环节的优势，国际分工

---

① 本部分关于"边际产业扩张论"的观点，来自相关的中英文文献。（1）英文文献来源：Kojima, K.: *Direct Foreign Investment: A Japanese Model of Multinaitonal Bisiness Operations*, Croom Helm, 1978.（2）中文文献来源：［日］小岛清著《对外贸易论》，周宝廉译，南开大学出版社1987年版；胡义《国际投资理论创新与应用研究——基于中间层组织的分析》，人民出版社2006年版，第38—40页。

是世界各国在价值链的各环节上的分工。三是指出了企业竞争优势的本质。竞争优势论认为，不是价值链中的每个环节都创造价值。只有价值链的"战略环节"才能创造价值。企业在竞争中的长期优势主要体现在企业在价值链的"战略环节"上的优势。因此，企业应该把"战略环节"保留在内部，而把非战略环节分散出去。企业在战略环节的安排上，必须通过决策来安排战略环节的区位布局选择。四是指出企业的竞争优势是一国在国际竞争中获胜的关键。一国在国内竞争中获胜，也需要激烈的国内竞争[①]。

竞争优势论是微观层面、产业层面、宏观层面的理论，属于动态理论。有关价值链的研究，涉及企业和产业，涵盖了微观主体和产业。该理论同时也提出了国家优势的概念，因此又属于宏观范畴。该理论涉及微观、产业和宏观三个视角，具有较强的实践意义。然而，竞争优势论的局限性在于，该理论属于战略管理范畴，与经济学研究方法不同。无法进行归纳演绎。

四 发展中国家对外投资的理论

（一）小规模技术理论

小规模技术论由威尔斯（Wells）提出。小规模技术论认为，发展中国家跨国公司具有以下方面的比较优势：（1）发展中国家能够开发出满足小规模市场的需求的"小规模生产技术"。在低收入国家，市场的一个普遍特征是需求有限，发达国家跨国公司的大规模生产技术无法从这种需求有限的小市场中获得规模收益。而发展中国家跨国公司却拥有这种小规模生产技术，于是，在低收入的发展中国家，发展中国家的跨国公司具有竞争优势。（2）发展中国家某些产品的海外生产，能够满足该国海外侨胞的需要，从而获得优势。这个特点解释了中国企业对东南亚国家大量的投资。（3）发达国家跨国公司的营销策略，往往以巨额广告开支来树立品牌形象，导致产品价格高标。而发展中国家跨国公司产品的广告开支少，以价

---

① 本部分关于"竞争优势论"的观点，来自相关的中英文文献。（1）英文文献来源：Porter, M. E.：*The Comparative Advantage of Nations*. The Free Press，1990.（2）中文文献来源：胡义《国际投资理论创新与应用研究——基于中间层组织的分析》，人民出版社 2006 年版，第 67—70 页。

廉物美取胜①。低价营销策略是发展中国家跨国公司的特点，有助于提高市场占有率。

小规模技术论把发展中国家的跨国公司竞争优势的产生与这些国家自身的市场特征相结合，该理论被认为是一个具有代表性的理论。小规模技术论属于静态、微观理论。其理论贡献是弥补了传统对外直接投资理论把竞争优势绝对化的缺陷，较为合理地解释了发展中国家跨国公司的优势，解释了发展中国家跨国公司对外投资的原因。能够在一定程度上，解释中国企业的对发展中国家的投资。

（二）技术地方化理论

技术地方化理论由英国经济学家拉奥（Lall）提出。技术地方化论认为，发展中国家的跨国公司并非单纯模仿、复制国外技术，而是对外国的技术进行独特的创新。这种创新活动，给发展中国家跨国公司带来了"特有的"竞争优势。以下因素，促进了这种竞争优势的形成：（1）发展中国家的劳动力资源丰富，甚至出现过剩，劳动力价格低廉。发展中国家的技术，是劳动密集型技术。（2）发展中国家之间，经济发展与收入水平类似。因此，发展中国家跨国公司的生产过程和产品，能够与其他发展中国家的供给条件、需求条件、经济发展水平、收入水平相适应。某个发展中国家的产品，虽然技术水平低，但是，只要稍加创新或改造，就能够满足其他发展中国家的市场需求。这种改造创新活动能够形成竞争优势。（3）国内市场容量较大的发展中国家，企业的产品差异化能力能够得到发展，形成了对发达国家的竞争优势。②

技术地方化理论属于静态、微观理论。该理论的贡献是对小规模技术论作了一定的补充，是对小规模技术论的补充与发展。技术地方化理论不仅解释了发展中国家跨国公司的竞争优势所在，而且指出了形成发展中国

---

① 本部分关于"小规模技术论"的观点，来自相关的中英文文献。（1）英文文献来源：Wells, L. T.: Jr. *Third World Multinationals*, The MIT Press, 1983.（Also available in Chinese, 1986）.（2）中文文献来源：［美］刘易斯·威尔斯著《第三世界跨国企业》，叶刚、杨宇光译，上海翻译出版公司1986年版；胡义《国际投资理论创新与应用研究——基于中间层组织的分析》，人民出版社2006年版，第53—55页。

② 本部分关于"技术地方化论"的观点，来自相关的中英文文献。（1）英文文献来源：Lall, S.: *The New Multinationals*; *The Spread of the Third World Enterprises*, John Willy & Son, 1983.（2）中文文献来源：胡义《国际投资理论创新与应用研究——基于中间层组织的分析》，人民出版社2006年版，第55—57页。

家竞争优势的创新活动。该理论强调，发展中国家对引进技术的改进、消化和吸收并不是被动的模仿和复制，而是对引进的技术进行改进和创新，而这种创新活动给企业带来了新的竞争优势。该理论合理地解释了发展中国家跨国公司的优势，解释了发展中国家跨国公司对外投资的原因。能够在一定程度上，解释对中国企业对发展中国家和对发达国家的两类对外投资。

五 投资发展周期论

投资发展周期论是邓宁提出的。该理论从动态角度，提出了投资发展周期的四个阶段，说明了人均国内生产总值与各阶段的关系。这四个阶段是：（1）第一阶段：人均 GDP 低于 400 美元。在该阶段，国内经济发展极为落后，本国企业无任何优势可言，没有对外投资。国内基础设施差，投资环境不佳，缺乏区位优势，只能吸引少量的外资。（2）第二阶段：人均 GDP 处于 400—2500 美元之间。该阶段，国内的区位环境有所改善，能够吸引更多外资。国内企业开始发育，优势有所提高，但仍无法参与国际竞争，对外投资仍然较少。（3）第三阶段：人均 GDP 处于 2500—4750 美元之间。该阶段，国内企业的优势提高，已经具备了对外投资的能力。对外投资大幅度上升，其增速可能超过引进外资的增速，但对外投资仍小于引进外资总额。（4）第四阶段：人均 GDP 超过 4750 美元。该阶段，国内企业已经具备较强的优势，对外投资超过了引进外资，对外投资净额不断提高。[①]

投资发展周期论是宏观的动态理论。该理论的贡献是提出了经济发展水平与对外投资之间的关系，阐明了对外投资的发展趋势。然而，该理论的局限性是，等量的人均 GDP，在不同的时是从存在差异的。以人均 GDP 来表示经济发展水平有失准确。

六 国际证券投资理论

国际证券投资理论则专门对金融资产进行研究，该理论可以细分为三

---

① 本部分关于"投资发展周期论"的观点，来自相关的中英文文献。（1）英文文献来源：Dunning J. H.："International Production and the Multinational Enterprise", George Allen & Unwin, 1981.（2）中文文献来源：胡义《国际投资理论创新与应用研究——基于中间层组织的分析》，人民出版社 2006 年版，第 57—59 页。

大部分：一是投资组合理论；二是资产定价理论；三是金融衍生品定价理论。

国际投资组合理论是在以投资组合理论为基础。1952 年，马克维茨（Markowitz，1952）在《财务学杂志》发表了一篇名为《资产组合的选择标准》的论文，创立了资产组合理论；马克维茨开创了不确定条件下理性投资者进行资产组合投资的理论与方法，采用定量方法证明了进行投资组合能够以分散风险。

威廉·夏普（William Sharpe，1964）于 1964 年提出了资本资产定价模型，即 CAPM，成为现代金融学的奠基石。CAPM 模型以 β 系数作为度量证券资产风险的指标，并把证券组合的风险分解为系统分析和非系统风险。约翰·林特纳（John Lintner，1965）和简·莫辛（Jan Mossin，1966）与威廉·夏普的贡献类似，把马克维茨的理论发展为资本资产定价模型，资产定价成为现代金融学、投资学的核心内容。斯蒂芬·罗斯（Stephen Ross，1976）提出了套利定价理论，从无套利为基础推导证券组合的均衡价格。套利定价理论不要求资本资产定价模型的严格假设及难以观测的市场投资组合为基础。布莱克、舒尔斯和莫顿推到出计算看涨期权价值的公式，舒尔斯和莫顿因此获得了 1997 年诺贝尔经济学奖，而布莱克—舒尔斯期权定价公式已被期货市场参与者广泛接受。

证券投资组合理论的一个重要思路是寻找变动方向不一致的投资组合以分散风险。因此，在国际范围内扩大投资组合的范围，能够更加有效地组建投资组合，更有效地分散风险。期货与期权市场的形成以及期权定价理论的启示是，企业进行对外投资时，可以在衍生品市场进行对冲操作以规避风险。虽然国际证券投资理论适用于流动性强的证券资产，但其理论结论和分析思路，可以为国际直接投资的分析提供借鉴。在资本市场日趋发达且日趋国际化的条件下，研究国际投资问题，也不应仅仅局限于国际直接投资，而应该对国际资本市场加以研究以充实国际投资的研究，并在国际直接投资的研究中，酌情借鉴证券投资学的某些分析思路。

第三节　中国对外投资动因分析

上述国际投资理论对国际投资的动因进行了探讨。对外投资的动因，指对外投资行为的动机与原因。动因可以从外因和内因两个方面进行考察。关于中国企业的对外投资动因，其内因是企业为获取盈利而进行对外投资决策；外因则是中国企业对外投资的外部条件，这种外部条件使中国企业的对外投资行为具有盈利的可能性。中国企业的对外投资，兼具内因与外因两方面。改革开放以来，随着产品市场、要素市场和资本市场的启动与发展，中国企业得到了快速发展，产业资本和金融资本都有了一定的发展与积累，国际竞争力得到了提高，已具备对外投资的动力与能力，能够在国外找到获取盈利的投资项目。本节以国际投资理论为基础，结合中国的实际情况，讨论中国对外投资的动因。

根据西方公司财务理论的观点，企业运营的目的是股东财富的最大化。股东财富最大化目标与企业的盈利水平具有一致性。企业获取利润的获取有许多种方式，例如：获取利润、提高核心竞争力、降低成本与风险、绕过贸易壁垒、摆脱要素劣势、过剩产能外移、内部化选择、利用被并购方的战略资源等，这些构成了企业对外投资的内因。企业要进行对外投资，还需要分析东道国的投资环境、外资政策、财税体制、投资风险等因素。而对外投资企业的所在国政府需要向进行对外投资的企业提供公共服务，政府需要从全局出发，制订对外投资政策，包括与对外投资相关的宏观经济政策、对外投资产业政策、对外投资项目管理政策、对外投资外汇管理政策，提供信息与咨询服务，甚至为促进对外投资开展外交努力。东道国的投资环境和母国的政策构成企业对外投资的外因。本章主要探讨对外投资的外因与内因。对外投资区位选择与产业选择等问题，在以后的章节加以论述。

一　马克思主义的观点

根据马克思主义的观点，企业对外投资的动因是追求利润。市场经济是建立在生产社会化基础的商品经济。在市场经济条件下，资本的本性就是追求价值增值，资本是在运动中增值的价值。

（一）产业资本循环的本质

产业资本循环公式是 G—W—G'。根据该公式，价值表现为商品与货币两种形式。其中，价值的一般存在形式是货币，其特殊存在形式则是商品。在资本的循环过程中，价值的这两种形式不断发生转化。资本在循环过程中产生增值，而后又开始新的循环。在市场经济条件下，资本在循环过程中的增值表现为利润。企业进行投资活动的动机同样是追求利润。跨国公司的对外投资扩张，其动机同样也是利润。

（二）金融资本循环的本质

金融资本的循环公式是 G—G'。根据该公式，资本的扩张及金融资本的循环没有借助于商品形式。资本循环的本质与产业资本相同，二者的区别也仅仅是形式上发生了变化。从现实情况分析，金融资本通过金融机构，把资金从剩余者手中转入使用者手中，而使用者则把资金转化为资本。当使用者通过经营获得利润时，金融投资者得以分享产业资本的利润。

（三）对外投资的本质

马克思主义的观点是，对外投资是资本主义国内资本过剩的一个解决途径。资本主义生产方式导致生产和资本不断积累，但与此同时，也造成大量的剩余劳动力，造成了人口相对过剩与生产相对过剩，并进而导致资本过剩。为寻找新的市场，过剩的资本输往国外，国际投资由此产生。因此，根据马克思的观点，国际投资实质上是解决国内资本过剩的一个途径。当资本主义国家国内资本积累到一定程度时，一方面，资本输出国的产业对殖民地具有优势；另一方面，资本输出国的国内资本产生了相对过剩。在这两方面原因的推动下，资本为了实现增值的目的，必然要向国外进行扩张，表现为资本输出。马克思主义诞生时，资本输出的方式主要是借贷资本的输出。列宁发展了马克思主义理论。列宁关于对外投资动因的观点是，随着国家垄断资本主义的发展，出现了国际垄断，资本主义发展到帝国主义阶段。在该阶段，产业资本和金融资本相互融合，形成了万能垄断者——金融资本，并向国外输出。帝国主义资本输出的方式有两种：一是借贷资本的输出，属于对外金融投资；二是生产资本的输出，属于对外直接投资。帝国主义国家垄断资本的输出，控制了殖民地和落后国家的经济命脉，使这些国家的经济片面、畸形发展，沦为帝国主义国家的经济附庸。

二　西方国际投资理论的解释

西方的对外投资理论关于对外投资的动因作出了诸多解释，并形成了对外投资的主要理论流派，上文的理论综述中已对此进行了介绍。在西方的对外投资理论中，有一些理论能够对中国企业的对外投资的动因在某种程度上做出合理的解释。

（一）边际产业扩张论的解释

根据边际产业扩张论，一国处于比较劣势的企业，或者即将处于比较劣势的企业，将根据竞争优势从弱到强的顺序，依次进行对外投资，将那些在国内即将淘汰的产业转移到产业结构更低的国家。日本这类边际产业，就曾转移到产业层次更低的亚洲四小龙。当四小龙的这些产业得到充分发展后，又以相同的方式，将边际产业转移到中国、马来西亚、菲律宾等国家。通过边际产业的国际转移，那些原本应淘汰的产业重新找到了发展的空间。

根据边际产业扩张论，中国的机电产品、家电等行业，在国内已经没有比较优势。然而，在亚洲、非洲和拉丁美洲的许多国家，中国的这些在国内相对过剩的产业却拥有比较优势。因此，这类行业可以向亚洲、非洲和拉丁美洲等发展中国家及一些欧亚转轨国家转移，获取比较优势以存续。这是中国相关企业对外投资的外因之一。

（二）资本化率理论的解释

根据资本化率理论，在货币币值坚挺的国家，企业将向币值疲软的国家进行直接投资。该理论把对外投资的原因归结于货币因素。近年来，随着中国"双顺差"的持续扩大，人民币升值的压力逐渐加大，于是，中国国内以人民币计价的资产的国际价值得到了提高，这对于中国企业的对外投资，起到了一定的推动作用。人民币汇率的稳步提高，降低了中国企业对外投资的成本和汇率风险，形成了中国企业对外投资的外因之一。

（三）投资发展周期论的解释

邓宁的投资发展周期论，动态地解释了经济发展程度与对外投资之间的关系。该理论对于解释发展中国家的对外投资的发展过程，具有十分重要的参考价值。根据投资发展周期论，一国的对外投资的发展过程，可以根据人均国内生产总值（GDP）而划分为四个阶段。其中，对外投资第三阶段的标准是人均 GDP 处于 2500—4750 美元之间，在该阶段，企业已经具备了对外投资的能力，对外投资大幅度上升，其增速可能超过引进外资的增速，但对外投资仍小于引进外资的总额。而第四阶段的标准则是人均 GDP 超过 4750 美元，该阶段国内企业已经具备较强的优势，对外投资超过了引进外资，对外投资净额不断提高。

对照中国的人均 GDP 水平，中国 2010 年和 2011 年人均 GDP 分别为

4423 美元和 5417 美元，2012 年预计为 6094 美元①。按照投资发展周期论
的观点，中国自 2010 年起，已经处于对外投资发展的第三阶段；2011 年，
中国已经处于对外投资的第四阶段。考虑到中国城乡差别、东西部差别的
人均 GDP 的较大差别，中国的对外投资也集中在较发达的城市和沿海地
区，而那些地区的人均 GDP 高于全国平均水平，因此，根据投资发展周期
论的观点，中国的对外投资发展阶段应该已经处于对外投资的第四阶段。
邓宁的理论一定程度上，对中国企业的对外投资做出了较合理的解释，对
投资发展阶段的理论判断也基本属实。然而，根据邓宁的理论，中国企业
在 2011 年后，对外投资应超过吸引外资，而从统计数据看，中国的对外
投资额仍远远低于吸引的外资。这说明，中国的对外投资仍未达到邓宁所
定义的第四阶段，而是处于仍在第三阶段，对外投资额仍在不断增长。

（四）竞争优势论的解释

竞争优势论的一个观点是，企业要参与全球竞争，一方面需要具有国
际竞争优势；另一方面又与激烈的国内竞争相联系。激烈的国内市场的竞
争，一方面促使企业对外投资；另一方面又促使国内企业提供既优质又有
差异的产品和服务，提高企业的国际竞争优势。结合中国的情况分析可以
看出，中国自改革开放以来，已经由短缺型经济发展为相对过剩型经济，
经济的主要矛盾不再是供给不足，而是供给的相对过剩和国内需求的不
足。在激烈的竞争中，中国许多企业为寻求新的市场，做出了"走出去"
尝试，以开辟新的市场，拓展生存空间。中国的企业在激烈的竞争状态
中，开发出了许多具有差异化特征的新产品和服务，在国际竞争中已具备
一定的优势。竞争优势论在一定程度上，解释了中国企业对外投资的
内因。

三　对外投资动因的其他解释

在前文中，西方的一些直接投资理论解释了中国企业对外投资的动
因。除此之外，中国企业的对外投资，还包括诸多特有的动因。

（一）分散投资风险

中国对外投资主体在境外的投资经营活动，面临着各种风险。大量的
投资主体对广泛的海外空间进行投资，则可以对某些风险进行规避。根据

---

① 数据来源：国际货币基金组织（IMF）。

证券投资学的理论，每个投资项目都面临着不确定性。证券投资学中，用收益率的方差以及风险系数 β 对风险进行度量。投资越分散，投资项目之间就容易找到负相关性，这些负相关性可以相互抵消。投资组合理论的思想，就是建立一个可以相互抵消的投资组合，来分散、对冲非系统性风险，获取稳定的收益。中国企业的对外投资，可以利用这个结论，通过扩大投资的范围和空间，来对冲风险，获取稳定的收益。从行业的视角看，金融业、制造业等许多行业，可以根据该理论框架，进行海外投资，以规避投资风险。

（二）实现产业升级

从产业升级的角度，中国企业通过对外投资，也能够有效地获取发达国家的核心技术，提高管理水平。产业结构升级型投资和学习创新型投资，通常是在发达国家和地区进行跨国并购。从产业升级的视角，中国企业正面临升级，而发达国家的跨国公司中，许多原先占有优势的制造业，由于成本问题而面临淘汰或对外转移。这些制造业，由于人力资源成本等方面的劣势，已经失去了竞争力，跨国公司的制造部门大量外移。然而，这些跨国公司在多年的经营中，已经创立了国际知名的品牌，建立了国际营销渠道，而且具有良好的商誉。与此同时，中国企业正好面临着升级、创立品牌、构建国际营销渠道的任务。因此，中国企业应该进行对外投资，通过战略并购方式，收购国外产业，获取战略资产，作为推动中国的产业升级的机遇。

近年来，中国企业接连并购西方发达国家由于成本而日益外移的制造业，获取其战略资源，包括品牌、商誉、人力资源、管理方式、营销渠道、创新开发团队等，成为中国企业近年来对外投资并购中引人注目的一大亮点，例如联想并购 IBM 的 PC 生产业务部门，TCL 并购汤姆逊，吉利接连并购沃尔沃和 DSI，上汽并购双龙，海尔并购美泰克，中航工业西非公司并购奥地利 FACC 等，其中不乏成功的案例。这类海外并购的特征是横向并购，通过海外并购，显著提高了中国企业的国际竞争力。

（三）绕开贸易壁垒

贸易壁垒是对国际商品劳务贸易设置的限制，主要针对进口。贸易壁垒一般分为两类，即关税壁垒与非关税壁垒。关税壁垒通过设置关税，对进口进行限制；而非关税壁垒则不通过设置关税，而提高其他方面的障碍，对进口贸易进行限制。非关税壁垒主要包括技术壁垒与贸易配额。世界贸易组织（WTO）的宗旨是促进世界各国之间的自由贸易。当前，世界上许多国家之间，都已经签署了双边或者多边贸易协议。然而，关税和非关税壁垒却仍然广泛存在。近年来，非关税壁垒甚至出现有增无减的现象，名目也日趋繁多，并且还具有更强的隐蔽性。许多国家，包括提倡自由贸易的发达国家，由于受到廉价的中国产品的冲击，一些国家把本国的失业问题，归咎于中国产品的"不正当竞争"，并以此为由，对中国产品以非关税壁垒的方式加以抵制。随着地区经济一体化的发展，经济一体化的区内国家互相开放市场，减免关税，互相提供贸易和投资优惠，但对区外国家实施某些抵制和歧视政策。西方发达国家在国际金融危机的冲击下，经济复苏乏力，面临高失业、高债务的困扰，美国的"高消费、房地产与金融"的发展模式难以为继，经历了去杠杆化、去债务化的调整过程。西方发达国家纷纷推出了再工业化的目标，力图通过创新而重新建立高端制造业，以促进供给和就业，寻找新的增长点，从根本上摆脱危机的困扰。可以预见，再工业化的过程将伴随对国内市场的保护。

中国企业对外投资的外因之一，正是以上所述的各种贸易壁垒。由于贸易壁垒的存在，中国产品的出口受到抵制。这种情况，促使中国企业考虑对外投资，绕过各种壁垒。例如，中国企业可在欧盟投资，以绕开欧盟的关税壁垒而打入欧盟市场；可在墨西哥投资以打入北美自由贸易区，使产品顺利进入美国和加拿大市场。国际金融危机后，随着贸易保护主义的重新抬头，对外投资成为中国企业的一种应对手段。

（四）巨额外汇储备

中国宏观经济外部均衡的突出表现为"双顺差"。与"双顺差"相联系，中国的外汇储备处于不断上升的势头。2007 和 2008 年，中国外汇储备分别为 15282.49 亿美元和 19460.30 亿美元。2009 年，人民币汇率仍不断上升，世界经济受到了国际金融危机的严重冲击，导致中国企业的海外订单剧减。但是，中国的外汇储备仍呈不断上升趋势。2009 年，中国外汇储备额已升至 23991.52 亿美元；2010 年，中国的外汇储备继续以较高的速度升至 28473.38 美元。①外汇储备作为一种经济资源，需要得到有效的使用，使外汇储备实现保值和增值。

外汇储备的使用，主要包括对外证券投资和对外直接投资两种方式。

---

① 资料来源：《中国统计年鉴（2011）》，中华人民共和国国家统计局编。

对外证券投资包括购买美国国债和购买股票。购买美国国债的收益稳定，而购买股票的风险较大。然而，对外证券投资，其本质是分享国外公司的股利和资本利得。对外证券投资的收益仍然是外币，外币的不断增加，会使外汇占款和流动性过剩问题更加严重。对外证券投资属于金融投资，其循环过程是"从货币到货币"，对于国内产业的升级，没有实质性的直接帮助。而对外直接投资与对外证券投资则不同。对外直接投资有助于构建的是民族产业。通过对外直接投资，外汇资源得到了使用，从货币形态转化成为生产资本。用外汇储备支持民族产业对外直接投资，可以使民族产业的技术和创新能力得到提高，促进国内产业的优化升级，提高民族产业在海外的竞争力。

巨额的外汇储备，应该用来支持、促进中国企业的对外投资。由对外证券投资和对外直接投资之间的差异可以看出，以外汇储备支持中国企业的对外直接投资，具有重要意义。因此，不断积累的外汇储备成为中国企业对外投资的条件和重要动因。

（五）保障能源与矿产品的供给

随着中国制造业的发展，对能源与矿产品的需求急剧上升。然而，中国的能源与矿产品，虽然从总储量看，居于世界前列，但是由于人口多，人均资源的储量和拥有量却排名世界后列。中国的石油、天然气等能源储量不足，开采量显著落后于能源需求，导致能源的依赖程度不断提高。在资源和能源的约束下，中国经济的稳定增长和进一步增长受到了严重制约。作为制造业中心，如果不能保证能源与矿产品的供应，经济的增长则不可持续。除此之外，能源与矿产对于中国的战略安全，也具有重要意义。因此，中国的大型国有企业，通过对外投资、并购、工程合作，在海外获取能源与矿产，保障供给，不仅具有重要的经济意义，而且具有重要的国家战略意义。政府对于资源行业海外并购的推动，构成了中国企业对外投资的外因之一。

（六）其他方面的解释

还可以从宏观经济背景和中国的对外战略的角度，探讨中国对外投资的动因，这些内容将在下文中进行详细解释。

第四节 国内关于对外投资的实证研究

国内学者对中国对外投资的研究的特点是：一是根据西方的国际投资理论，结合中国的实际情况，全面系统地论述中国对外投资问题。二是根据西方的国际投资理论建立计量模型，用中国对外投资的统计数据做实证研究。三是国内研究集中在对外直接投资（OFDI）领域。以实证研究为例，项本武（2007）用引力模型，对以下两方面进行了实证分析：一是中国对外直接投资（OFDI）的贸易效应；二是中国 OFDI 资的区域差异。项本武（2005）对中国 OFDI 的决定因素和经济效应进行了实证研究。关于决定因素方面的实证研究结论是：东道国的市场规模、汇率水平、工资水平等因素，对中国对该地的投资有显著的负影响，而对中国向东道国的出口水平有显著的正的影响。王滨（2006）根据 1993—2004 年的相关经济数据，对中国的 OFDI 对中国经济增长所起的作用进行了实证研究，分析结果表明，在 1993—2004 年，中国的 OFDI 未对国内投资形成挤出效应。毛力平和王沛（2006）用实证方法，对中国 OFDI 发展阶段进行了研究，认为中国的 OFDI 水平尚处在邓宁的对外投资动态演进的第二阶段。刘龚和张宗斌（2007）用协整检验法，并建立了 ECM 模型，实证分析了对外投资对中国出口的影响，分析结果表明，在短期内，中国 OFDI 对出口产生替代效应，而在长期内，中国 OFDI 对出口之间产生互补效应。潘益兴（2008）在国际直接投资宏观理论的基础上，以中国的出口、银行利率、汇率、人均 GDP 和固定资产投资为主要解释变量，以 1984—2008 年的统计数据对中国对外直接投资进行实证分析，结论是：影响中国对外直接投资的宏观因素主要为出口、利率和汇率，其中，出口对对外直接投资有最为显著的正向影响，中国出口贸易和投资之间具有互补关系；国内利率对对外直接投资也存在正相关性，汇率对对外直接投资则呈现负相关的关系。关于中国企业对欧亚国家的研究，高欣（2011）以中俄投资合作为研究对象，在贸易效应的视角下，运用协整检验和误差修正模型等量化分析方法，深入研究中俄投资合作的效率和效益状况；对中俄投资合作的现状、效益与影响因素作理论分析与实证检验。

第三章　对外投资的现状考察

　　从历史发展的角度，工业革命后，西方国家的经济以前所未有的速度取得迅速发展，率先进入工业化的西方国家在世界各地开拓殖民地，并把殖民地作为原料产地和商品市场而纳入国际分工体系。早期的资本国际化，主要表现为借贷资本从相对先进的工业国向落后的殖民地输出。第二次世界大战后，资本国际化进程出现了新特点，发展中国家也开始了资本输出，即发展中国家民族资本也开始了国际化进程，改变了国际资本单向流动的局面。从国际资本流动的流向看，发达国家之间的相互投资远超对发展中国家的投资，其原因与产业内分工的发展、资本的进一步积累与集中、各国企业的深度整合相联系。第二次世界大战后出现的第三次科技革命使技术水平得到进一步提高，交通运输与通讯科技快速发展，国家之间的经济联系更加密切，生产的国际化和资本的国际化程度进一步加深。在此背景下，跨国公司成为资本国际化的主体，跨国公司的快速发展，推动了资本在全球范围内的配置。由此可见，从历史的角度考察，资本的国际化是世界经济发展的产物；随着全球经济的进一步发展，资本的国际化程度将呈现进一步加深的趋势。中国企业的对外投资，正是在这一大背景下产生的。下文在国际资本流动的大背景下，对国际直接投资的现状进行考察。

第一节　全球直接投资①

一　全球外国直接投资近况

（一）全球外国直接投资的总体状况

从联合国贸易与发展会议（UNCTAD）公布的国际投资的季度流量数据看，国际金融危机过后，全球范围内的外国直接投资（FDI）出现复苏反弹，2011年还实现了较高速度的增长，但2012年增速预期下调。

2011年，由于金融危机的后续影响以及主权债务危机愈演愈烈，全球经济仍处于动荡调整中。然而即便如此，2011年的全球外国直接投资仍同比增长16%，投资额也首次超过2005—2007年水平，其原因是2011年跨国公司的盈利以及发展中国家的经济增长。根据UNCTAD的数据，2011年的全球FDI流量已达1.5万亿美元，但仍然比2007年危机爆发前的最高水平低23%；而FDI存量则同比增长3%，达到20.4万亿美元。UNCTAD预计，2012年，全球FDI增速将继续放缓，FDI流量将稳定在1.6万亿美元。UNCTAD认为，金融危机后国际直接投资的反弹，是在跨国公司获取盈利及发展中国家经济的复苏的大环境下实现的。

从UNCTAD的资料数据看，全球外国直接投资（FDI）水平在2008年到2009年第一季度这段时间急剧下降，反映了国际金融危机对跨国投资的严重冲击。2009年触底反弹后，全球范围内的FDI有所恢复，但全球投资者对2012年以后的中长期前景持谨慎乐观态度。UNCTAD联合国贸易与发展会议预计，2012年，国际投资的增长趋势可能趋缓，呈现低速增长的态势，其原因是主要的新兴市场国家的经济中的不确定性重新上升，这些国家在2012年度的经济增长率可能降低。UNCTAD的统计数据显示，在2012年的前五个月，跨国并购和绿地投资额均有所下降。

（二）国际投资者的态度

UNCTAD开展了一项针对全球经理人的"世界投资环境调查"，调查内容是2012—2014年全球投资环境的态度。调查结果显示，全球投资者在近期持较消极态度，长期态度渐趋积极②。调查问卷结果显示，在接受

---

① 本部分数据与资料来源：联合国贸易与发展会议（UNCTAD）。

② 即World Investment Prospects Survey（WIPS）。

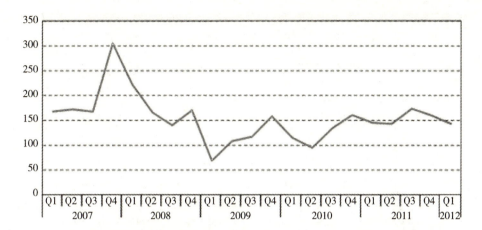

图 3—1 全球外国直接投资的季度指数（2007 年第一季度—2012 年第一季度）

资料来源：联合国贸易与发展会议（UNCTAD）

注：全球 FDI 季度指数以流入 82 个所选国家的 FDI 的季度数据为基础。该数据进行了调整，以使 2005 年的季度流量为基数 100。

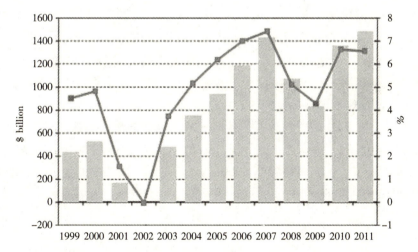

图 3—2 1999—2011 年跨国公司的盈利能力与盈利水平（单位：10 亿美元, %）

资料来源：联合国贸易与发展会议（UNCTAD）

注：盈利能力为净收入与销售总额之间的比值。纳入本表盈利能力的计算跨国公司共计 2498 家。柱状指标为利润，折线代表盈利水平。

问卷调查者中，对 2012 年全球投资环境持悲观态度者超出乐观者 10 个百分点，而约一半接受问卷调查者对 2012 年的全球投资环境的预期不置可否。关于 2012 年后的全球投资环境，接受问卷调查者态度逐渐呈现乐观态度，超过一半经理人计划在 2012—2014 年增加对外直接投资。

表3—1　　　　　跨国公司对 2012—2014 年全球投资环境的看法

单位：接受调查者的百分比

年份 接受调查者的态度	2012 年	2013 年	2014 年
乐观和非常乐观（%）	29.4	41.4	53.4
态度中立（%）	50.9	46.9	40.4
悲观和非常悲观（%）	19.6	11.7	6.2

资料来源：联合国贸易与发展会议（UNCTAD）调查，结果基于 174 家公司的反馈。

（三）国际直接投资的方式

根据 UNCTAD 的资料数据，国际直接投资仍以绿地投资为主，但跨国并购上升显著。根据联合国贸易与发展会议（UNCTAD）的资料，2011 年的跨国并购额增加了 53%，达到 5260 亿美元。从投资额看，跨国绿地投资额出现下降，2011 年为 9040 亿美元，发展中国家和转轨国家的跨国绿地投资额超过三分之二的分量。因此，2011 年的全球 FDI 的增加主要是跨国并购，但跨国绿地投资额仍远超跨国并购，在 FDI 中仍占主要地位。

（四）全球外国直接投资的产业选择

根据 UNCTAD 的资料数据，从 FDI 的产业流向看，三次产业吸收 FDI 金额均有所增加。2011 年，服务业吸收的 FDI 在 2009 和 2010 年陡降，但 2011 年出现了反弹，投资额为 5700 亿美元；流向第一产业的 FDI 在 2009 年和 2010 年也出现下滑，2011 年回升至 2000 亿美元。采掘业（采矿、采石和石油开采）、化工、公用事业（电力、燃气和水）、交通运输及其他行业五大行业吸引的 FDI 居于前列。

二　全球外国直接投资的地区流向

根据 UNCTAD 的资料数据，全球各地的外国直接投资（FDI）依然保持增长态势。从 FDI 的地区流向看，流向发达国家、发展中国家和转轨国家的 FDI 均有增长。从 FDI 的洲际流向看，亚洲、拉丁美洲和加勒比地区吸收的 FDI 均增长，而非洲吸引的 FDI 流量有所下降。

UNCTAD 的资料数据显示，流向发达国家的 FDI 在 2009 年触底反弹，

2011 年加速增长，同比增长 21%，流量达到 7480 亿美元，但发达国家吸收的外国直接投资仍低于危机前三年的平均水平。在欧债危机的冲击下，发达国家 2012 年所吸收 FDI 的增速可能下降。

2011 年，发展中国家和转轨国家总共吸收了超过一半的全球 FDI，同比增长 12%，达到 7770 亿美元，其中，发展中国家占 46%，转轨国家占 6%。流向发展中国家的 FDI 继续增长，2011 年流入发展中国家的 FDI 达 3360 亿美元，占全球 FDI 流量的 22%，UNCTAD 预计，发展中国家吸收的全球 FDI 将继续增长。流向转轨国家的 FDI 增长了 25%，达到 920 亿美元。在东南欧、独联体国家、格鲁吉亚等转轨国家，FDI 经历了两年较乏力的增长后，在 2011 年开始了强劲的复苏，2011 年流量为 920 亿美元，大部分 FDI 是并购投资。在东南欧国家，由于制造业成本的相对优势，以及这些国家入盟后可以直接进入欧盟市场，流入制造业的 FDI 出现增长；在独联体的资源生产国，资源寻求型 FDI 上升。在独联体国家中，俄罗斯吸引的 FDI 份额最多。东南欧、独联体与格鲁吉亚等转轨国家 FDI 最重要的来源仍是欧盟的发达国家，这些国家在转轨国家的投资项目份额最多。在欧亚转轨国家，服务业吸引的 FDI 相对较少，但随着俄罗斯加入 WTO，俄罗斯承诺在若干服务业领域放松对外资的限制，包括银行业、保险业、商业服务业、电信与营销等领域，FDI 对欧亚国家服务业的投资有望增长。俄罗斯加入 WTO 也有助于提高外国投资者的信心，并从整体上改善投资环境；加上俄罗斯在采掘部门、公共服务部门、银行也与电讯部门开始新的私有化，UNCTAD 预计，流向包括俄罗斯在内的转轨国家的 FDI 将会实现增长。2012 年，发达国家、发展中国家和转轨国家在吸引 FDI 方面将呈平缓增长的态势。

从全球 FDI 的地区分布看，亚洲增长 10%，拉丁美洲与加勒比地区增长 16%；流向非洲的 FDI 则连续三年出现下降趋势，但降幅不大。而值得注意的是，东南亚吸引 FDI 的增速达到 26%，超过了东亚的 9%，但流入东亚的 FDI 为 2190 亿美元，仍然超过东南亚。东盟的文莱、印度尼西亚、马来西亚和新加坡的增速最为显著。中国吸引的 FDI 来流量为 1240 亿美元，流向服务业的 FDI 首次超过制造业。根据 UNCTAD 的"世界投资环境调查"，中国依然是世界上 FDI 的首选地，但东南亚的印度尼西亚和泰国在吸引 FDI 方面越来越受瞩目，其原因是中国的工资水平和制造成本不断提高，而东盟国家在制造业的相对优势开始凸显。

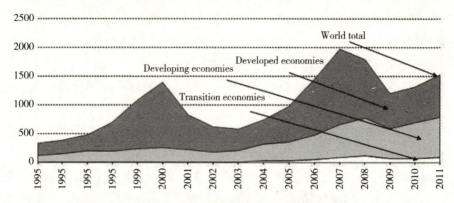

图3—3 1995—2011年全球与各类经济体FDI的吸收额（单位：10亿美元）

资料来源：联合国贸易与发展会议（UNCTAD）。

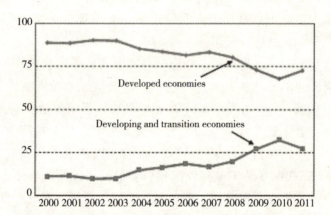

图3—4 2000—2010年发达国家、发展中与转轨经济体
对外直接投资的份额（单位:%）

资料来源：联合国贸易与发展会议（UNCTAD）。

　　发达国家的经济复苏是全球FDI的增长的主要动力，在发展中国家和转轨国家，中国与俄罗斯的对外投资更引人注目。2011年，发达国家对外直接投资迅速增长25%，达到1.24万亿美元，北美、欧盟和日本的对外直接投资均实现了增长。同年，发展中国家的对外直接投资下降了4%，投资额为3840亿美元，占全球外国直接投资的比重为23%。

　　UNCTAD的调查显示，2011年和2012—2014年，中国仍是全球跨国公司投资的首选地。2012—2014年，在跨国公司最希望投资的国家中，俄罗斯、德国、泰国并列第八位；波兰、荷兰、南非并列第十四位。而根据

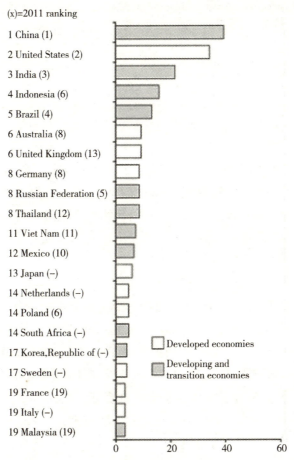

图 3—5 2012—2014 年跨国公司的首选地

（单位：接受调查者选择对外投资首选地的百分比）

资料来源：联合国贸易与发展会议（UNCTAD）。

注：本图结果来自 174 个公司的经过验证的调查结果。

UNCTAD 的 2011 年的调查结果，俄罗斯曾居第五位，波兰曾居第六位。在前 20 位的排名中，只有俄罗斯和波兰是欧亚转轨国家。UNCTAD 已把波兰视为发达国家，而俄罗斯则被视为转轨国家。值得注意的是，金砖四国均为跨国公司最希望投资的国家。关于 2012—2014 年跨国公司希望投资的国家之中，中国为首选地，印度居第三位，巴西居第五位，俄罗斯居第八位。2011 年的调查中，中国也居首位，印度居第三位，巴西第四位，俄罗斯居第五位。

第二节　中国对外直接投资①

一　中国对外直接投资的总体状况

对外直接投资流量指一段时间内的对外直接投资总额，存量则是历年来的累计额。近年来，中国对外直接投资的流量与存量取得快速增长，覆盖全球的中国对外投资区位特征已经形成。虽然受到国际金融危机的冲击，中国的对外直接投资流量保持稳定并略有增长。随着全球经济的复苏，中国对外直接投资流量增长速度又有所加快。中国的对外直接投资在全球的 FDI 中已占有较重要地位，但与传统的发达国家仍有较大差距。

根据中华人民共和国商务部、国家统计局和国家外汇管理局联合发布的《2010 年度中国对外直接投资统计公报》，2010 年，中国对外直接投资净额（流量）为 688.1 亿美元，同比增长 21.7%。截至 2010 年底，中国已有 13000 多家境内投资者。中国企业在境外设立对外直接投资企业多达 1.6 万家，分布在全球 178 个国家（地区）。中国对外直接投资累计净额（存量）为 3172.1 亿美元。②而根据商务部公布的最新统计数据，2011 年，中国对外直接投资净额（流量）746.5 亿美元，同比增长 8.5%；截至 2011 年底，中国已有 13500 多家境内投资者，在国（境）外设立对外直接投资企业（以下简称境外企业）达到 1.8 万家，分布在全球 177 个国家（地区），对外直接投资累计净额（存量）4247.8 亿美元。2011 年末，中国境外企业资产总额近 2 万亿美元。③2011 年，中国对外直接投资流量和存量均实现较快的增长。受国际金融危机的影响，2009 年度，中国对外投资流量的增长速度趋缓，但 2010 年和 2011 年，对外投资流量的增长速度得到了恢复。④

中国对外直接投资占全球的比重方面，根据联合国贸易和发展会议（UNCTAD）公布的《2011 年世界投资报告》，2010 年，全球 FDI 的流出

---

① 本部分数据与资料来源：中华人民共和国商务部、国家统计局和国家外汇管理局联合发布的《2010 年度中国对外直接投资统计公报》，联合国贸易与发展会议（UNCTAD）。

② 见商务部、国家统计局、国家外汇管理局 8 月 30 日联合发布《2011 年度中国对外直接投资统计公报》。

③ 同上。

④ 同上。

流量为 1.31 万亿美元，2010 年末存量达到 20.4 万亿美元，以此为基期进行计算，2010 年中国对外直接投资的流出流量与存量，分别占全球当年对应总量的 5.2% 和 1.6%。2010 年，中国对外直接投资流量居全球第 5 位，存量居全球第 17 位。而根据 UNCTAD 最新公布的《2012 年世界投资报告》的数据，2011 年，全球外国直接投资流出流量 1.69 万亿美元，年末存量 21.17 万亿美元，以此为基期进行计算，2011 年，中国对外直接投资分别占全球当年流量、存量的 4.4% 和 2%，2011 年中国对外直接投资流量名列居全球第 6 位，存量位居第 13 位。

表 3—2　　　2010 年全球主要国家（地区）对外投资流量与存量　　单位：亿美元

国别	美国	德国	法国	中国香港	中国	日本	俄罗斯	加拿大	荷兰	韩国	印度
流量	3289	1048.6	841.1	760.1	688.1	562.6	517	385.8	319	192.3	146.3
排序	1	2	3	4	5	6	7	8	9	10	11

资料来源：中华人民共和国商务部、国家统计局和国家外汇管理局联合发布的《2010 年度中国对外直接投资统计公报》，联合国贸发会议《2011 年世界投资报告》。2010 年中国对外直接投资来源于商务部统计数据，其他国家（地区）统计数据来源于联合国贸发会议《2011 年世界投资报告》。

表 3—3　　　2010 年中国与全球主要国家（地区）存量对比　　单位：亿美元

国别	美国	英国	法国	德国	日本	俄罗斯	瑞典	中国	新加坡	巴西	印度
存量	48433	16893	15230	14213	8311	4336	3361	3172	3000	1809	924
排序	1	2	3	4	5	6	7	8	9	10	11

资料来源：中华人民共和国商务部、国家统计局和国家外汇管理局联合发布的《2010 年度中国对外直接投资统计公报》，联合国贸发会议《2011 年世界投资报告》。2010 年中国对外直接投资来源于商务部统计数据，其他国家（地区）统计数据来源于联合国贸发会议《2011 年世界投资报告》。

中国对外直接投资的增长趋势方面，从对外直接投资流量与存量数据进行考察可以看出，自 2003 年以来，中国对外直接投资的流量与存量均取得了快速增长。从流量方面看，国际金融危机爆发前的 2003—2008 年，中国对外直接投资的增长最为迅速，进入了快速增长阶段。2009 年，在金融危机的冲击下，中国对外直接投资流量保持稳定并略有增长；2010 年，随着全球经济的复苏，中国对外直接投资流量的增长速度又有所加快。

表 3—4　　　　　　1991—2010 年中国对外直接投资流量情况　　　　单位：亿美元

年份	1991	1992	1993	1994	1995	1996	1997	1998	1999	2000
流量	10	40	43	20	20	21	26	27	19	10

年份	2001	2002	2003	2004	2005	2006	2007	2008	2009	2010
流量	69	27	28.5	55	122.6	211.6	265.1	559.1	565.3	688.1

资料来源：中华人民共和国商务部、国家统计局和国家外汇管理局联合发布的《2010 年度中国对外直接投资统计公报》。

注：1991—2001 年中国对外直接投资数据摘自联合国贸发会议世界投资报告，2002—2010 年数据来源于中国商务部统计数据。

中国对外直接投资存量的变动趋势与流量基本一致，自 2003 年以来一直保持快速增长，与流量特征不同的是，国际金融危机对中国对外直接投资存量的影响并不显著。2010 年末，中国对外直接投资存量达到3172.1 亿美元。然而，中国对外直接投资存量的规模，与传统对外投资大国仍存在较大差距。根据《2011 年度中国对外直接投资统计公报》，2010 年末，中国对外直接投资存量，仅相当于美国对外投资存量的 6.5%，英国的 18.8%，法国的 20.8%，德国的 22.3%。

表 3—5　　　　　　2002—2010 年中国对外直接投资存量情况　　　　单位：亿美元

年份	2002	2003	2004	2005	2006	2007	2008	2009	2010
流量	299	332	448	572	906.3	1179.1	1839.7	2457.5	3172.1

资料来源：中华人民共和国商务部、国家统计局和国家外汇管理局联合发布的《2010 年度中国对外直接投资统计公报》。

二　中国对外直接投资主体

各年度的《中国对外直接投资统计公报》中，参与对外直接投资的企业被分为以下九类：（1）国有企业；（2）集体企业；（3）股份合作企业；（4）联营企业；（5）有限责任公司；（6）股份有限公司；（7）私营企业；（8）港澳台合作企业；（9）外商投资企业。各类投资主体的数量众多且呈现多样化特点，有限责任公司在数量上占据优势，但在中国对外直接投资存量方面，国有企业仍占绝对优势。对外投资主体来源地方面，来自沿海发达省份和边境省份的对外投资主体所占比重较大。对外直接投资的产业分布方面呈多元化特征，且聚集度较高，对外直接投资覆盖面分布广泛。从行业看，租赁与商务服务业、金融业、采矿业、批发零售业、交通运输业、制造业聚集的对外投资存量较大。从对外投资流量看，租赁和商务服务业无论从流量还是存量看均居于首位。金融业、批发与零售业、采矿业、制造业近年来的流量也相当可观。

（一）对外直接投资主体的数量与比重

根据《2011 年中国对外投资统计公报》的数据资料，2010 年末，中国参与对外直接投资的各类主体达到了 13000 多家。从境内的对外直接投资主体在中国工商行政管理部门的登记注册情况看，中国的对外直接投资主体的呈现出多样化特点。在对外投资主体的数量方面，有限责任公司所占比重最大，占对外投资主体的 57.1%。从《2011 年中国对外投资统计公报》的数据看，其他的主要对外投资主体包括国有企业（10.2%）、私营企业（8.2%）、股份有限公司（7%）和股份合作企业（4.6%）。对外投资主体还包括外商投资企业（3.2%）、港澳台商投资企业（2%）和集体企业（1.1%），但所占比重较小。除上述对外投资主体外，其他类型的对外投资主体的比重为 6.6%。

表3—6　　　　　　　**2010 年末境内投资者的数量比例**

（根据工商行政管理部门的登记注册数量）　　　　单位：%

投资主体类型	比例（%）	排序
有限责任公司	57.1	1
国有企业	10.2	2
私营企业	8.2	3
股份有限公司	7.0	4
其他	6.6	5
股份合作企业	4.6	6
外商投资企业	3.2	7
港澳台投资企业	2.0	8
集体企业	1.1	9

资料来源：中华人民共和国商务部、国家统计局和国家外汇管理局联合发布的《2010 年度中国对外直接投资统计公报》。

（二）对外直接投资主体的存量比重

作为对外直接投资主体，国有企业在数量上远少于有限责任公司，但国有企业在对外直接投资存量上仍占绝对优势。然而近年来，国有企业的对外直接投资存量份额有所下降。根据《2011 年中国对外投资统计公报》的统计数据，2010 年末，在中国对外直接投资存量中，国有企业占66.2%，仍占绝对优势，但对外直接投资存量却同比下降 3 个百分点。《2011 年中国对外投资统计公报》的数据看，在对外直接投资存量中占较大份额的主体包括有限责任公司（23.6%），较上年增加 1.6 个百分点；股份有限公司（6.1%）；股份合作企业（1.1%）；私营企业（1.5%）；外商投资企业（0.7%）；集体企业（0.2%）；港澳台投资企业（0.1%）：其他对外直接投资占 0.5%。

表 3—7　　　　　　2010 年末中国非金融类对外直接投资存量比例

（按境内投资者注册类型分布情况）　　　　　单位:%

投资主体类型	比例（%）	排序
国有企业	66.2	1
有限责任公司	23.6	2
股份有限公司	6.1	3
私营企业	1.5	4
股份合作企业	1.1	5
外商投资企业	0.7	6
其他	0.5	7
集体企业	0.2	8
港澳台投资企业	0.1	9

资料来源：中华人民共和国商务部、国家统计局和国家外汇管理局联合发布的《2010 年度中国对外直接投资统计公报》。

（三）对外直接投资主体的地区构成

根据《2011 年中国对外投资统计公报》的数据资料，2010 年的中国对外投资主体的地区构成特点是：来自沿海发达省份和边境省份的对外投资主体所占比重较大。对外投资主体数量占前十位的省市区是：浙江、广东、江苏、福建、山东、上海、北京、辽宁、河南、黑龙江，占境内投资者总数的 67%，除河南省外，均为沿海沿边省份。其中，浙江省对外投资主体的数量最多，占 16.3%。在对外直接投资主体中，约 70% 的私营企业来自浙江和福建两省。而在非金融类对外直接投资中，来自中央的企业及单位占对外直接投资主体总数的 5%，而来自各省市区的投资主体占对外直接投资主体总数的 95%。

三 中国对外直接投资的行业分布

中国对外直接投资的行业分布已呈现多元化特征，且聚集度较高，对外直接投资覆盖面分布广泛。

（一）行业分布的流量与比重

从中国对外直接投资的流量与比重的角度看，中国对外直接投资大都流向商务服务业、金融业、批发和零售业、采矿业、交通运输业、制造业。根据商务部、国家统计局、国家外管局的《2010 年度中国对外直接投资统计公报》，2010 年，中国对外直接投资主要流向包括：（1）租赁和商务服务业。该行业 2010 年流量为 302.8 亿美元，同比增长 47.9%，占流量比重的 44%。（2）金融业。2010 年流量为 86.3 亿美元，同比下降1.1%，占流量比重的 12.5%。（3）批发和零售业。2010 年流量为 67.3亿美元，同比增长 9.6%，占流量比重的 9.8%。（4）采矿业。2010 年流量为 57.1 亿美元，同比下降 57.2%，占流量比重的 8.3%，主要包括是石油天然气开采业、有色金属开采业、黑色金属矿采选业。（5）交通运输、仓储和邮政业。2010 年流量为 56.6 亿美元，同比增长 173.8%，占流量比重的 8.2%。（6）制造业。2010 年流量为 46.6 亿美元，同比增长108.2%，占流量比重的 6.8%，主要是交通运输设备制造业、有色金属冶炼及压延加工业、化学原料及制品制造业、专用设备制造业、电器机械及器材制造业、服装与纺织、医药制造业、食品制造业等。其他产业还包括建筑业、房地产业、科学研究、技术服务和地质勘查、电力、煤气及水的生产和供应、农、林、牧、渔业、信息传输、计算机服务和软件业、居民服务和其他服务业、住宿和餐饮业。

（二）行业分布流量的增长

从流量的增长速度看，根据商务部、国家统计局、国家外管局的《2010 年度中国对外直接投资统计公报》，2010 年，增长速度最快的是建筑业（同比增长 352.2%）、住宿和餐饮业（同比增长 191%）、交通运输、仓储和邮政业（同比增长 173.8%）、电力、煤气及水的生产和供应业

（同比增长113.7%）、制造业（同比增长108.2%）、信息传输、计算机服务和软件业（同比增长82%）、房地产业（同比增长72%）、农、林、牧、渔业（同比增长55.8%）。而采矿业、金融业的对外投资则出现了负增长。

表3—8　　　　2010年中国对外直接投资流量行业分布　　　单位：亿美元

行业类别	对外投资流量	排序
租赁与商务服务业	302.8	1
金融业	86.3	2
批发和零售业	67.3	3
采矿业	57.1	4
交通运输/仓储和邮政业	56.6	5
制造业	46.6	6
建筑业	16.3	7
房地产业	16.1	8
科学研究/技术服务和地质勘查业	10.2	9
电力/煤气及水的生产与供应业	10.0	10
农/林/牧/渔业	5.3	11
信息传输/计算机服务和软件业	5.1	12
居民服务和其他服务业	3.2	13
其他行业	3.0	14
住宿和餐饮业	2.2	15

资料来源：中华人民共和国商务部、国家统计局和国家外汇管理局联合发布的《2010年度中国对外直接投资统计公报》。

（三）行业分布的存量

从存量角度看，中国对外直接投资呈现行业多元化且聚集度较高的特点。根据商务部、国家统计局、国家外管局的《2010年度中国对外直接投资统计公报》，2010年末，中国对外直接投资覆盖了国民经济所有行业类别，其中存量在100亿美元以上的行业包括：租赁与商务服务业、金融业、采矿业、批发零售业、交通运输业、制造业。上述六个行业的累计投资存量已达2801.6亿美元，占中国对外直接投资存量总额的88.3%。

表3—9 2010年末中国对外直接投资存量行业分布 单位：亿美元

行业类别	对外投资流量	排序
租赁与商务服务业	972.5	1
金融业	552.5	2
采矿业	446.6	3
批发和零售业	420.1	4
交通运输/仓储和邮政业	231.9	5
制造业	178	6
信息传输/计算机服务和软件业	84.1	7
房地产业	72.7	8
建筑业	61.7	9
技术服务和地质勘查业	39.7	10
电力/煤气及水的生产与供应业	34.1	11
居民服务和其他服务业	32.3	12
农/林/牧/渔业	26.1	13
水利/环境和公共设施管理业	11.3	14
住宿和餐饮业	4.5	15
其他行业	4.0	16

资料来源：中华人民共和国商务部、国家统计局和国家外汇管理局联合发布的《2010年度中国对外直接投资统计公报》。

表3—10 2010年末中国对外直接投资存量的行业比重 单位:%

行业类别	比重（％）	排序
租赁与商务服务业	30.7	1
金融业	17.4	2
采矿业	14.1	3
批发和零售业	13.2	4
交通运输/仓储和邮政业	7.3	5
制造业	5.6	6
房地产业	2.3	7
建筑业	1.9	8
技术服务和地质勘查业	1.3	9
电力/煤气及水的生产与供应业	1.1	10
农/林/牧/渔业	0.8	11

续表

信息传输/计算机服务和软件业	2.7	12
居民服务和其他服务业	1	13
水利/环境和公共设施管理业	0.4	14
住宿和餐饮业	0.1	15
其他行业	0.1	15

资料来源：中华人民共和国商务部、国家统计局和国家外汇管理局联合发布的《2010年度中国对外直接投资统计公报》。

（四）行业分布的变化趋势

从中国企业对外直接投资的行业分布存量与的变化趋势看，2004—2010年，许多行业的对外直接投资实现了快速增长。根据商务部、国家统计局、国家外管局的《2010年度中国对外直接投资统计公报》的资料数据，租赁和商务服务业的对外直接投资无论从流量还是存量看均居于首位。金融业、批发与零售业、采矿业、制造业在2010年的流量也相当可观，但流量与存量仍远落后于租赁与商业服务业。一些行业的对外投资投资在近年来出现不稳定状况，其原因与金融危机的冲击及其后续影响有关。从总体情况看，中国企业对外直接投资的行业分布的流量与存量均呈快速增长态势，虽然从2007年起增速有所趋缓，但2010年开始，增长速度又开始显著加快。

表3—11　　　2004—2010年中国对外直接投资流量的行业分布　　　单位：万美元

行业类别＼年份	2004	2005	2006	2007	2008	2009	2010
农、林、牧、渔业	28866	10536	18504	27171	17183	34279	53398
采矿业	180021	167522	853951	406277	582351	1334309	571486
制造业	75555	228040	90661	212650	176603	224097	466417
电力、煤气及水的生产与供应业	7849	766	11874	15138	131349	46807	100643
建筑业	4795	8186	3323	32943	73299	36022	162826
交通运输、仓储和邮政业	82866	57679	137639	406548	265574	206752	565545
信息传输、计算机服务和软件业	3050	1479	4802	30384	29875	27813	50612
批发和零售业	79969	226012	111391	660418	651413	613575	672878

续表

年份 行业类别	2004	2005	2006	2007	2008	2009	2010
住宿和餐饮业	203	758	251	955	2950	7487	21820
金融业	—	—	352999	166780	1404800	873374	862739
房地产业	851	11563	38376	90852	33901	93814	161308
租赁和商务服务业	74931	494159	452166	560734	2171723	2047378	3028070
科学研究、技术服务和地质勘查业	1806	12942	28161	30390	16681	77573	101886
水利、环境和公共设施管理业	120	13	825	271	14145	434	7198
居民服务和其他服务业	8814	6279	11151	7621	16536	26773	32105
教育	—	—	228	892	154	245	200
卫生、社会保障和社会福利业	1		18	75		191	3352
文化、体育和娱乐业	98	12	76	510	2180	1976	18648
公共管理和社会组织	4	171	—	—	—	—	—
合计	549799	1226117	2116396	2650609	5590717	5652899	6881131

资料来源：中华人民共和国商务部、国家统计局和国家外汇管理局联合发布的《2010 年度中国对外直接投资统计公报》。

表 3—12　　　2004—2010 年中国对外直接投资存量的行业分布　　　单位：万美元

年份 行业类别	2004	2005	2006	2007	2008	2009	2010
农、林、牧、渔业	83423	51162	81670	120605	146762	202844	261208
采矿业 *	595137	865161	1790162	1501381	2286840	4057969	4466064
制造业 *	453807	577028	752962	954425	966188	1359155	1780166
电力、煤气及水的生产与供应业	21967	28731	44554	59539	184676	225561	341068
建筑业	81748	120399	157032	163434	268070	341322	617328
交通运输、仓储和邮政业	458055	708297	756819	1205904	1452002	1663133	2318780
信息传输、计算机服务和软件业 *	119237	132350	144988	190089	166696	196724	840624
批发和零售业	784327	1141791	1295520	2023288	2985866	3569499	4200645
住宿和餐饮业	2081	4640	6118	12067	13669	24329	44986
金融业	—	—	1560537	1671991	3669388	4599403	5525321
房地产业	20251	149520	201858	451386	409814	534343	726642
租赁和商务服务业	1642824	1655360	1946360	3051503	5458303	7294900	9724605
科学研究、技术服务和地质勘查业	12398	60431	112129	152103	198189	287413	396712

续表

行业类别 \ 年份	2004	2005	2006	2007	2008	2009	2010
水利、环境和公共设施管理业	91109	91002	91839	92121	106289	106508	113343
居民服务和其他服务业	109314	132338	117420	129885	71468	96137	322974
教育			228	1740	1749	2123	2394
卫生、社会保障和社会福利业	22	11	281	369	369	610	3616
文化、体育和娱乐业	592	538	2614	9220	10733	13565	34583
公共管理和社会组织	1434	1803	—	—	—	—	—
合计	4477726	5720562	9063091	11791050	18397071	24575538	31721059

资料来源：中华人民共和国商务部、国家统计局和国家外汇管理局联合发布的《2010 年度中国对外直接投资统计公报》。注：＊表示包含对历史数据的调整部分。

四　中国对外直接投资的地区分布

2010 年末，中国的对外直接投资共分布在全球 178 个国家（地区），占全球国家（地区）总数的 72.7%，投资覆盖率不断提高，覆盖全球的对外投资区位特征基本形成。根据商务部、国家统计局、国家外管局的《2010 年度中国对外直接投资统计公报》的资料数据，2010 年，中国对世界上的主要经济体的投资增幅较大，其中，中国对欧盟的直接投资为 59.63 亿美元，同比增长 101%；对东盟直接投资为 44.05 亿美元，同比增长 63.2%；对美国的直接投资为 13.08 亿美元，同比增长 44%；对俄罗斯的直接投资为 5.68 亿美元，同比增长 63%；对日本的直接投资为 3.38 亿美元，同比增长 302%。

（一）中国对外直接投资地区分布的流量

从流量数据看，根据商务部、国家统计局、国家外管局的《2010 年度中国对外直接投资统计公报》的资料数据，2010 年，中国对九个国家（地区）的对外直接投资流量超过 10 亿美元，占对外投资流量总额的 84%。这九个国家（地区）分别是：（1）中国香港。中国对该地的投资流量为 385.05 亿美元，占总流量的 56%，主要流向商务服务业、金融业、批发零售业、交通运输业、房地产业、制造业等。（2）英属维尔京群岛。中国对该地的直接投资流量为 61.2 亿美元，占总流量的 8.9%。（3）开曼群岛。中国对该地的直接投资流量为 34.96 亿美元，占总流量的 5.1%。其他主要国家（地区）依次为卢森堡、澳大利亚、瑞典、美国、加拿大等。对中国香港、英属维尔京群岛、开曼群岛三大避税地的投资中，不排除返回国内的投资。

根据《2010 年度中国对外直接投资统计公报》的资料数据，在欧亚国家，中国对俄罗斯的直接投资流量最多，且远超其他欧亚国家，流量达到 5.68 亿美元。中国对俄罗斯的投资在全球居于第 12 位，超过了德国、法国、英国等欧洲传统大国。

（二）中国对外直接投资地区分布的存量

根据商务部、国家统计局、国家外汇管理局联合发布的《2010 年度中国对外直接投资统计公报》的资料数据，截至 2010 年末，中国对外直接投资存量突破 3000 亿美元，对外直接投资存量最集中的地区是亚洲和拉丁美洲，两地区集中了中国对外直接投资存量的 85.7%。而大洋洲和欧洲是中国对外直接投资存量增幅最大的地区。对欧洲的投资存量主要在卢森堡、俄罗斯、德国、瑞典、英国、荷兰、匈牙利等国；在欧洲的转轨国家中，中国对俄罗斯和匈牙利的投资存量较大。对俄罗斯的投资存量超过了欧洲的德国、法国、英国等传统大国。在东欧国家，中国对匈牙利的投资增幅最为显著。

《2010 年度中国对外直接投资统计公报》也认为，中国对外直接投资的规模，与传统的对外投资大国仍存在较大差距。根据《公报》的数据，2010 年末，中国对外直接投资存量 3172.1 亿美元，仅相当于美国对外直接投资存量的 6.5%，英国的 18.8%，法国的 20.8%，德国的 22.3%。

表 3—13　　　　2010 年中国对外直接投资存量地区分布情况　　　　单位:%

地区	比例（%）
亚洲	71.9
拉丁美洲	13.8
欧洲	5.0
非洲	4.1
大洋洲	2.7
北美洲	2.5

资料来源：中华人民共和国商务部、国家统计局和国家外汇管理局联合发布的《2010 年度中国对外直接投资统计公报》。

根据《2010 年度中国对外直接投资统计公报》的资料数据，2010 年末，中国对外直接投资前 20 位的国家（地区）存量累计达到 2888 亿美元，占中国对外直接投资存量的 91.1%，分别是中国香港、英属维尔京群岛、开曼群岛、澳大利亚、新加坡、卢森堡、美国、南非、俄罗斯联邦、加拿大、中国澳门、缅甸、巴基斯坦、哈萨克斯坦、德国、瑞典、蒙古、英国、尼日利亚、印度尼西亚。

（三）参与对外直接投资的省份

2010 年，沿海发达地区、沿边省份的对外直接投资最为活跃，西南三省的对外投资增幅显著，而中部地区则有所下降。根据《2010 年度中国对外直接投资统计公报》的资料数据，浙江、辽宁、山东名列非金融类对外直接投资流量前三名。西部地区对外投资增幅高达 107.1%，其中，四川、云南、重庆三省居于前三名，分别同比增长 543%、90%、661%；中部地区的对外直接投资则同比有小幅下降。值得关注的是，2010 年，地方非金融类对外直接投资流量 177.5 亿美元，同比增长 84.8%，占 29.5%，比重较上年提升了１０个百分点。

第三节　欧亚国家吸引外资与中国投资

（一）金融危机爆发前的状况

国际金融危机爆发前，欧亚国家吸引的外国直接投资，从总体而言处于较快的上升趋势。上升幅度较快的国家包括东欧的波兰、捷克、保加利亚、斯洛文尼亚等加入欧盟的国家以及俄罗斯、乌克兰、哈萨克斯坦等独联体主要国家。从吸收 FDI 的年度数据分析，俄罗斯、乌克兰、匈牙利、立陶宛、拉脱维亚等国吸收外资的波动幅度较大。

（二）金融危机的冲击

国际金融危机的冲击对东欧国家吸收的外国直接投资产生了显著的冲击，2007 年，斯洛伐克、匈牙利、罗马尼亚吸收的 FDI 开始降。2008 年，爱沙尼亚、立陶宛、拉脱维亚、波兰、捷克、保加利亚等国 FDI 的流入额下降，且下降幅度相当可观。2009 年，欧亚主要国家，包括俄罗斯、乌克兰、波兰、捷克、立陶宛、拉脱维亚等国吸收的 FDI 普遍下降，且下降幅度可观，甚至可称之为骤然下降，对欧亚国家的宏观经济形成较严重的冲击。2010 年，随着全球经济触底反弹，欧亚国家吸收的 FDI 也出现回升，但欧亚主要国家，包括俄罗斯、乌克兰、波兰、哈萨克斯坦等主要国家，以及罗马尼亚、保加利亚、斯洛文尼亚、斯洛伐克、匈牙利、拉脱维亚、立陶宛等国，吸收的 FDI 流量不仅没能恢复到 2008 年危机前夕的水平，而且远低于当时的水平。相比之下，中国作为全球 FDI 的首选地，吸收的 FDI 恢复并超过了 2008 年水平。

（三）欧亚国家的吸收外资与对外投资

对外投资方面，除俄罗斯外的其他欧亚国家的对外直接投资远远低于各自吸收的 FDI。从 2006 年以来的数据分析，俄罗斯吸收 FDI 与对外直接投资之间的差距并不算大，说明该国已具备某些产业的对外资本的形成能力。在国际金融危机的冲击下，俄罗斯吸收的 FDI 显著下降，但对外直接投资却显著上升，并且超过了该国吸收的 FDI，使俄罗斯成为净对外投资国。2011 年，俄罗斯对外直接投资额超过了中国。

而在欧亚其他国家，对外直接投资远低于吸收的外国直接投资，呈现严重的不对称状态，说明欧亚国家依然在外汇和外资方面存在缺口，资本形成尚处于初期阶段，对外投资的能力远未形成。即使在经常项目与直接投资均处于盈余的俄罗斯，也依然需要引进外资，以促进国内的资本形成。

表 3—14　中国与主要欧亚转轨国家吸引 FDI 与对外直接投资流量（2006—2011 年）

单位：百万美元

年份 国别		2006	2007	2008	2009	2010	2011
中国	FDI 流入	72715	83521	108312	95000	114734	123985
	对外 FDI	21160	22469	52150	56530	68811	65117
俄罗斯	FDI 流入	29701	55073	75002	36500	43288	52878
	对外 FDI	23151	45916	55594	43665	52523	67283
乌克兰	FDI 流入	5604	9891	10913	4816	6495	7207
	对外 FDI	-133	673	1010	162	736	192
白俄罗斯	FDI 流入	354	1805	2181	1884	1403	3986
	对外 FDI	3	15	31	102	50	57
爱沙尼亚	FDI 流入	1797	2716	1729	1839	1540	257
	对外 FDI	1107	1747	1112	1549	133	-1458
拉脱维亚	FDI 流入	1663	2322	1261	94	379	1562
	对外 FDI	170	369	243	-62	21	93

续表

年份\国别		2006	2007	2008	2009	2010	2011
立陶宛	FDI 流入	1817	2015	1965	66	753	1217
	对外 FDI	291	597	336	217	79	165
波兰	FDI 流入	19603	23561	14839	12932	8858	15139
	对外 FDI	8883	5405	4414	4699	5487	5860
捷克	FDI 流入	5463	10444	6451	2927	6141	5405
	对外 FDI	1468	1620	4323	949	1167	1152
斯洛伐克	FDI 流入	4693	3581	4687	- 6	526	2143
	对外 FDI	511	600	530	904	327	490
匈牙利	FDI 流入	6818	3951	6325	2048	2274	4698
	对外 FDI	3877	3621	2234	1984	1307	4530
斯洛文尼亚	FDI 流入	644	1514	1947	- 653	359	999
	对外 FDI	862	1802	1440	260	- 212	112
罗马尼亚	FDI 流入	11367	9921	13909	4844	2940	2670
	对外 FDI	423	279	274	- 88	- 20	32
保加利亚	FDI 流入	7805	12389	9855	3385	1601	1864
	对外 FDI	177	282	765	- 95	229	190
哈萨克斯坦	FDI 流入	6278	11119	14322	13243	10768	12910
	对外 FDI	- 385	3153	1204	3159	7837	4530

资料来源：根据联合国贸易与发展会议的《世界投资报告2012》的统计数据整理而成。

第四节　中国对欧亚国家的直接投资

（一）金融危机爆发前的欧亚投资

根据《2010年度中国对外直接投资统计公报》的资料数据，国际金融危机爆发前，中国直接投资主要流向俄罗斯和哈萨克斯坦、土库曼斯坦等中亚国家，相比之下，中国对东欧国家的直接投资流量则少得多。危机爆发前，中国在东欧的最大直接投资对象国是波兰和捷克，但流量远落后于俄罗斯和中亚国家。从存量看，中国在欧亚国家的投资额集中在俄罗斯、哈萨克斯坦等中亚国家；在东欧的中国直接投资存量较大的国家是波兰、匈牙利和罗马尼亚，但存量水平远远落后于俄罗斯、哈萨克斯坦等中亚国家。

（二）金融危机的冲击

国际金融危机爆发后，流向许多欧亚国家的中国直接投资流量出现了下滑，但对一些欧亚国家的直接投资也出现上升甚至剧增。根据《2010年度中国对外直接投资统计公报》的资料数据，中国对俄罗斯的直接投资流量在2009年有较显著下滑，但2010年又迅速回升，且超过危机前最高水平；对哈萨克斯坦的投资流量急剧下降，2009年和2010年未显著回升。而对捷克、乌兹别克、土库曼斯坦的投资流量上升。2009年，中国对吉尔吉斯的直接投资流量迅速上升；值得注意的是，2010年，中国对匈牙利的投资流量剧增，匈牙利成为中东欧国家中，吸收中国投资最多的国家。

（三）中国对欧亚投资的流量与存量

从对欧亚国家投资的流量考察，根据根据《2010年度中国对外直接投资统计公报》的资料数据，2010年，中国直接投资主要流向国依次为俄罗斯（5.68亿美元）、土库曼斯坦（4.51亿美元）、匈牙利（3.70亿美元）、吉尔吉斯斯坦（0.83亿美元）、格鲁吉亚（0.41亿美元）、哈萨克斯坦（0.36亿美元）。从流量的变动看，中国对俄罗斯的直接投资流量在2009年显著下降后，2010年显著回升；2010年，中国对匈牙利的直接投资流量剧增，从2009年的0.08亿美元剧增到2010年的3.70亿美元。对土库曼斯坦的直接投资流量的增幅也较大，从2009年的1.20亿美元增加到2010年的4.51亿美元。对吉尔吉斯斯坦的投资流量从2008年的0.07亿美元剧增到2009的1.40亿，美元，但2010年又有所下降。2010年，中国对乌克兰、白俄罗斯的直接投资流量增长也较快，但存量仍较少。相比之下，2010年，中国对哈萨克斯坦、捷克的直接投资流量的下降较快。对其他国家，如波兰、塔吉克斯坦等国的投资流量变化较为平稳。

中国在欧亚国家的投资存量方面，根据《2010年度中国对外直接投资统计公报》的资料数据，在俄罗斯的直接投资存量最大，远超其他欧亚国家。从国别看，中国对中亚国家的投资存量远超中东欧，哈萨克斯坦的中国直接投资存量在欧亚国家中位居第二，远超其他中东欧国家。中国在中亚的土库曼斯坦、吉尔吉斯斯坦甚至吉尔吉斯斯坦的投资存量也超过大多数中东欧国家。在中东欧国家，中国的直接投资集中在波兰、捷克、匈牙利、格鲁吉亚、罗马尼亚等国，对乌克兰、白俄罗斯等位于独联体的欧洲国家的投资存量则相对较少，对其他东欧国家的投资存量则更少。

表 3—15　　　　　　　　中国对欧亚转轨经济体的直接投资流量　　　　　单位：万美元

年份 国别	2003	2004	2005	2006	2007	2008	2009	2010
俄罗斯	3062	7731	20333	45211	47761	39523	34822	56772
乌克兰	6	120	203	183	565	241	3	150
白俄罗斯	—	—	—	—	—	210	210	1922
拉脱维亚	158	—	—	—	– 174	—	– 3	—
波兰	155	10	13	—	1175	1070	1037	1674
捷克	—	46	—	910	497	1279	1560	211
斯洛伐克	—	—	—	—	—	—	26	46
匈牙利	118	10	65	37	863	215	821	37010
罗马尼亚	61	268	287	963	680	1198	529	1084
保加利亚	35	35	172	—	—	—	– 243	1629
哈萨克斯坦	294	23 1	9493	4600	27992	49643	6681	3606
吉尔吉斯	244	533	1374	2764	1499	706	13691	8247
乌兹别克	72	108	9	107	1315	3937	493	– 463
土库曼斯坦	—	—	—	– 4	126	8671	11968	45051
塔吉克	—	499	77	698	6793	2658	1667	1542
塞尔维亚	—	—	—	—	—	—	—	210
波黑	146	—	—	—	—	—	151	6
克罗地亚	—	—	—	—	120	—	26	3
阿尔巴尼亚	—	—	—	1	—	—	—	8
格鲁吉亚	—	484	—	994	821	1000	778	4057
阿塞拜疆	35	20	—	394	– 115	– 66	173	37

　　资料来源：根据《2010 年度中国对外直接投资统计公报》的统计数据整理而成。

　　注：2003—2006 年各年流量为非金融类直接投资流量。

表 3—16　　　　　　　　中国对欧亚转轨经济体的直接投资存量　　　　　单位：万美元

年份 国别	2003	2004	2005	2006	2007	2008	2009	2010
俄罗斯	6164	12348	46557	92976	142151	183828	222037	278756
乌克兰	6	131	278	654	1351	1592	2079	2229
白俄罗斯	—	—	29	29	29	239	449	2371
摩尔多瓦	—	—	78	78	78	78	78	78

续表

年份 国别	2003	2004	2005	2006	2007	2008	2009	2010
爱沙尼亚	—	—	126	126	126	126	750	750
拉脱维亚	161	161	161	231	57	57	54	54
立陶宛	—	—	393	393	393	393	393	393
波兰			1239	8718	9893	10993	12030	14031
捷克	33	111	138	1467	1964	3243	4934	5233
斯洛伐克	10	10	10	10	510	510	936	982
匈牙利	543	542	281	5365	7817	8875	9741	46570
斯洛文尼亚	—	—	12	140	140	140	500	500
罗马尼亚	2975	3110	3943	6563	7288	8566	9334	12495
保加利亚	60	146	299	474	474	474	231	1860
哈萨克斯坦	1971	2478	24524	27624	60993	140230	151621	159054
吉尔吉斯斯坦	1579	1926	4506	12476	13975	14681	28372	39432
乌兹别克斯坦	327	423	1198	1497	3082	7764	8522	8300
土库曼斯坦	20	20	20	16	142	8813	20797	65848
塔吉克斯坦	512	2154	2279	3028	9899	22717	16279	19163
塞尔维亚和黑山	—	—	200	200	—	—	—	—
塞尔维亚	—	—	—	—	200	200	268	484
黑山	—	—	—	—	32	32	32	32
波黑	146	401	351	351	351	351	592	598
克罗地亚	—	—	−75	75	784	784	810	813
马其顿	—	—	20	20	20	20	20	20
阿尔巴尼亚	—	—	50	51	51	51	435	443
格鲁吉亚	—	484	2215	3209	4293	6586	7533	13017
亚美尼亚	—	—	125	125	125	125	132	132
阿塞拜疆	35	371	265	1092	1019	953	1200	1238

资料来源：根据《2010年度中国对外直接投资统计公报》的统计资料整理而成。

注：爱沙尼亚、斯洛文尼亚、塔吉克斯坦2010年末存量数据中包含对历史数据的调整部分。

（四）中国对欧亚投资的产业分布

从中国对欧亚国家直接投资的产业选择角度看，中国企业的投资领域主要集中在贸易、电信、能源开发、餐饮服务、批发零售、房地产业、基础设施及制造业。对俄罗斯的投资主要集中在农林牧渔、房地产、租赁与服务业、制造业、采矿业、建筑业，具体包括贸易、微电子、通信、家用电器组装和木材加工领域；中俄重点合作项目分布在化工、电信、建材、运输、金融、木材加工、能源和资源开发、科技研发等领域。中国对中亚国家的投资主要集中在能源产业，包括石油、天然气的勘探、开发，以及天然气管道建设等领域。中国对中亚国家投资的重点还包括基础设施建设、采矿业、制造业、通信等产业。中国企业对东欧国家的投资规模普遍较小，主要集中在制造业、通信业以及房地产、批发零售、物流服务等行业。对波兰的主要投资领域为贸易和服务、制造业、房地产、承包工程等，对匈牙利的投资领域相对较广，涵盖贸易、金融、航空、化工、宾馆、物流、地产、建筑、咨询服务业、五金、通信和电子制造等。对罗马尼亚的投资集中于进出口贸易、餐饮、工程建设、轻工业产品、电信、烟草、服饰、物流等。[1]

表3—17　　　　　　2010 年中国对俄罗斯直接投资的主要行业　　　　单位：万美元,%

行业	流量	比重（%）	存量	比重（%）
农、林、牧、渔业	18064	31.8	74790	26.8
房地产业	112	0.2	47540	17.1
租赁和商务服务业	20130	35.5	46798	16.8
制造业	6979	12.3	32356	11.6
采矿业	4904	8.6	27492	9.9
建筑业	2422	4.3	19206	6.9
批发和零售业	2955	5.2	10829	3.9
金融业	809	1.4	8189	2.9
居民服务和其他服务业	131	0.2	8068	2.9
交通运输、仓储和邮政业	136	0.2	2056	0.7
科学研究、技术服务和地质勘查业	81	0.2	1014	0.4
其他行业	49	0.1	41 8	0.1
合计	56772	100.0	278756	100.0

资料来源：中华人民共和国商务部、国家统计局和国家外汇管理局联合发布的《2010 年度中国对外直接投资统计公报》。

---

① 见《中国企业欧亚国家投资报告（2009—2011）》，汪涛等主编，对外经贸大学出版社2011 年版，第 337—338 页。

第四章 资本国际化与欧亚投资的宏观视角

第一节 资本国际化与欧亚投资背景

随着改革开放的不断深入，以企业制度、市场体系、分配制度、社会保障制度和政府宏观管理为五大支柱的中国市场化改革不断推进，社会主义市场经济体制建立。与此同时，中国的对外开放与对内改革并行发展，中国对外经济联系不断增强，成为一个开放的市场经济体。中国经济与世界经济的联系，是通过进出口贸易、引进外资、对外投资渠道实现的，这些对外经济联系的渠道，对经常项目和资本与金融项目产生了相应的影响。经常项目与资本与金融项目表现在国际收支账户上，两大项目的变动情况，揭示了中国经济与世界经济的外部关联，具有深刻而丰富的内容。从宏观经济的研究视角看，随着中国经济的发展，经常项目和资本与金融项目出现了持续的"双顺差"，"双顺差"不仅体现了中国宏观经济的高度的开放性，也表明宏观经济的外部失衡，对中国的宏观经济的分析具有深刻的含义。国际收支的变化与宏观经济高度开放性，使中国国际收支平衡与宏观经济稳定成为重要问题，并进而要求中国在宏观经济政策和经济发展模式上做出新的调整。

从中国的宏观经济结构角度，消费与投资之间的比例不合理，投资对于 GDP 的贡献较大，而国内消费不足，宏观经济中的消费的不足又意味着储蓄率的相对偏高，意味着储蓄—投资的转化渠道不畅，资源与要素未能优化配置。国内需求不足，大量产能是依靠外需来吸收的，而出口大量扩张的结果，则是外汇储备的连年上升和人民币的升值压力。与此同时，对于招商引资的优惠政策、中国的资源、市场和劳动力方面的优势，又使资本与金融项目项目出现长期顺差。双顺差与投资、消费与储蓄结构的不合理互为因果；又使宏观经济政策目标之一——国际收支的平衡难以保持。国际收支的不平衡，给中国经济带来了一系列新的问题，主要包括巨额外汇储备、外汇占款、国内流动性的被动增加、人民币的升值压力、对国内私人投资的挤出效应及对内地投资与经济发展产生负面影响。显然，如果中国资本得以国际化而跨出国门，迈出"走出去"的步伐，使对外投资规模不断扩大，则能够促进国际收支的平衡和以上问题的缓解。

相比之下，欧亚转轨国家的国际收支与宏观经济结构与中国呈现出较大的差异。除俄罗斯这类能源产量丰富并以能源出口而获取充足的外汇收入的国家，许多欧亚转轨经济体的经常项目处于长期赤字状态，并负有大量的外债。不少欧亚转轨国家虽然经济取得了一定的发展，但仍具有发展中国家的特点，符合"两缺口"特征，这些国家的消费相对于本国投资偏高并以外债维持消费，本国储蓄率不足以支持本国投资，本国的资本形成滞后，形成了对外资的高度依赖，本国供给能力不足，经常项目赤字，公共债务和外债水平高，失业率水平偏高。在这类国家，国内的缺口部分通过进口、外资和外债来弥补，造成经常项目逆差和本币贬值的压力。

综上所述，从宏观经济的视角进行考察，中国与众多的欧亚转轨经济体之间存在截然相反的特征，而且各自的宏观经济都存在相应的矛盾和问题。鉴于中国对欧亚国家的贸易处于盈余状态，如果中国企业对欧亚国家进行投资，则有助于缓解各自宏观经济中的矛盾。中国企业对欧亚国家的投资，意味着中国宏观经济中偏高的储蓄弥补了欧亚国家不足的储蓄，从新古典经济发展理论看，意味着欧亚国家的储蓄率得到提升，有助于欧亚国家的经济发展和国民收入的提高。因此，中国企业对欧亚国家的投资，从经济意义上看，是有效缓和双方经济结构与发展模式中主要问题的方式之一。

第二节　开放的宏观经济理论框架

一　经常项目与总吸收

在宏观经济学理论体系中，国民收入从总支出和总收入两个角度进行考察。在三部门宏观经济中，从总收入的角度，三部门的国民收入（Y）

被分解为消费（C）、私人储蓄（S_p）和政府税收（T）。即：

$$Y = C + S_p + T$$

从总支出的角度，国民收入又可以被分解为消费（C）、投资（I）和政府支出（G）。即：

$$Y = C + I + G$$

总支出等于总收入是宏观经济的均衡状态，在此基础上，宏观经济学进一步考察产品市场和货币市场。其中，产品市场的均衡条件是：

$$\begin{cases} Y = C + S_p + T \\ Y = C + I + G \end{cases}$$

即：

$$I = S_p + (T - G)$$

其中，（T－G）为政府储蓄 S_g，则：

$$I = S_p + S_g = S$$

宏观经济均衡的条件是：

$$I = S$$

在开放的宏观经济条件下，考虑国际间的商品流动，则国民收入等式中应加入出口（X）和进口（M）。（$X - M$）表示净出口部分，开放经济条件下的国民收入等式为：

$$Y = C + I + G + (X - M)$$

如果不考虑经常转移，（$X - M$）作为贸易账户余额，常表示经常项目余额（CA）。则：

$$CA = X - M$$

当一国经济开放到一定程度时，资本、劳动力等生产要素也会发生跨国流动。核算开放经济的国民收入，需要考虑本国要素在国外取得的收入。此时，国民收入则包括来自国内的收入 Y_n 和来自国外的收入 Y_f。即：

$$Y = Y_n + Y_f$$

如果不考虑国外的要素收入，$C + I + G$ 为国内总支出，称为国内吸收，用 A 表示，则：

$$A = C + I + G$$

A 可理解为一国的国内需求，即内需，则 $CA = X - M$ 理解为国外吸收，即外需。则总收入为国内吸收和 CA 之和，即：

$$Y = A + CA$$

则：

$$CA = Y - A$$

在封闭经济条件下，宏观经济均衡的条件是总收入（总供给）等于总吸收（总需求）。然而由上式的分析可知，在开放经济条件下，总收入（总供给）和国内的总吸收（总需求，或总支出）不必相等。开放经济体的国内总需求（内需）超过该国的总供给（总收入）时，其供给不足的缺口部分由进口来填补。反而，当开放经济体的总供给（总收入）超过国内总需求（内需）时，其内需不足的缺口部分，则由出口来填补。

二 经常项目与储蓄、投资

如果把储蓄分为私人储蓄 S_p 和政府储蓄 S_g ，总储蓄 $S = S_p + S_g$ 。则开放经济条件下的国民收入均衡（产品市场均衡）可以表示为：

$$\begin{cases} Y = C + S_p + T \\ Y = C + I + G + (X - M) \end{cases}$$

则：

$$X - M = S_p - I + T - G$$

（ $X - M$ ）为经常项目余额 CA ；如果把（ $T - G$ ）视为政府储蓄 S_g ，即：

$$S_g = T - G$$

则：

$$CA = S - I$$

此式表明，在开放经济条件下，宏观经济均衡的条件已经不再是 $I = S$ ，即在开放经济条件下，投资和储蓄不必相等。当国内储蓄不足以支持国内投资时，可由经常项目的赤字，即扩大进口来满足国内投资的需求。当国内储蓄超过国内投资时，超出部分则可通过出口来平衡。经常项目的赤字会形成负债，而经常项目的盈余则形成对外资产。

三 开放条件下的宏观经济均衡

开放经济下的宏观经济均衡的条件，包括产品市场、货币市场，而且需要满足国际收支平衡的要求。其中，产品市场均衡的条件是：

$$\begin{cases} Y = C + S_p + T \\ Y = C + I + G + (X - M) \end{cases}$$

货币市场均衡的条件是：

$$\begin{cases} L = L(Y,r) \\ M = M_0 \\ L = M \end{cases}$$

开放经济的均衡条件，还需满足新的条件，即国际收支均衡，即：

$$CA + KA = 0$$

在开放的条件下，一国的经济与世界经济发生了密切联系。对于开放条件下宏观经济政策的考察，还需要增加若干变量。由于国际经济的联系是通过商品和资本两个渠道进行的，因此，在开放的宏观经济模型中，需要引入进出口和资本流动的相关变量，而均衡的条件则包括内部均衡和外部均衡。在开放的宏观经济中，内部均衡一般指宏观经济在低通胀状态下的充分就业状态；而新加入的外部均衡条件则是国际收支平衡。蒙代尔和弗莱明对原有的 IS—LM 模型进行扩充，引入国际收支平衡的外部均衡条件，构建了 IS—LM—BP 模型，成为分析开放型经济的宏观经济政策及其效果的工具。开放的宏观经济考察国际收支中的经常项目和资本与金融项目。

四　内外均衡的含义

米德提出了内部均衡和外部均衡的概念，他认为，开放条件下的内部均衡指国内经济无通货膨胀下的充分就业状态。在内部均衡概念的发展过程中，菲利普斯曲线给出了失业率与通货膨胀率的负相关关系，自然失业率假说以失业率水平处于自然失业率水平的状态来定义内部均衡。奥肯定律则描述了 GDP 变化和失业率变化之间的负相关关系。经济学的主流观点认为，内部均衡是国内的总需求与总供给水平相等，经济稳定增长，物价稳定，且处于低失业状态。内部均衡的概念并没有太大的争议，而且与经济学理论与各国实际情况中的宏观经济政策目标是基本一致的。

外部均衡的目标往往被学术界和宏观经济政策的制定者认为是国际收支的平衡。然而，国际收支平衡表反应了经常项目和资本与金融项目，且包含诸多子项目，平衡还包括静态平衡与动态平衡、短期平衡与长期平衡等含义，因此，外部均衡应该是国际收支结构的合理化，而未必追求短时的绝对平衡。例如，在竞争力相对较弱的小国，国际收支如果保持一定的盈余，则能够以足够的外汇储备以维持本币币值稳定。对中国和欧亚转轨经济体而言，国际收支的平衡是外部均衡需要考虑的重要参数，也就是说，实现国际收支的平衡是实现中国和欧亚国家外部均衡的重要参考指标。然而，实现国际收支的绝对平衡目标，对于中国、欧亚转轨国家和许多发展中国家而言，也未必是真实意义上的外部均衡。如果从宏观经济稳定的意义来理解外部均衡，那么，对于中国和广大发展中国家，以及欧亚转轨国家，由于国际竞争力相对较弱，这些国家的主要货币也并不是国际上主要的结算货币和储备货币，这类国家需要通过与国际主要货币保持相对稳定的汇率，因而需要一定的外汇储备。保持一定水平的外汇储备也是抵御国际投机资本冲击的需要。因此对这些国家而言，外部均衡应为国际收支上的保持适度顺差。如果进一步分析，国际收支包括经常项目和资本与金融项目。东欧国家的国际收支表现为经常项目的赤字而由资本项目融资，虽然保持了总量的均衡，但这种模式导致对外资的依赖和外债水平高等问题，在遭受外部冲击的情况下，外资的撤资风险加大。因此，不仅应考虑国际收支的总体情况，也需要对经常项目、资本与金融项目两个分量进行考察。

第三节　中国宏观经济的内外失衡与对外投资

从宏观经济内外均衡的视角考察，中国的宏观经济中，投资与消费的比例不合理，投资率与储蓄之间存在正缺口，经常项目和资本与金融项目呈现"双顺差"，内部失衡与外部失衡同时产生，相互影响，互为因果。中国资本的国际化对于宏观经济的再平衡具有重要意义。

一　投资与消费关系失衡

从《中国统计年鉴》的数据看，改革开放以来，中国经济取得了持续的高速增长，GDP 的增长率持续 30 多年高速增长，人均 GDP 也随之增长。然而，从 1978 年到 2010 年，中国的投资率持续上升，投资在 GDP 增长中的作用逐渐增大。1978 年的投资率为 38.2%，消费率为 62.1%，而 2010 年的投资率已经上升到 48.6%，消费率却下降到 47.4%。投资率的持续提高，消费率的持续下降，表明经济增长中投资的贡献率的持续增高，而消费的贡献则持续降低。

与国际上其他国家对比，中国宏观经济中的一个显著特点就是投资率偏高而消费率偏低。这说明，中国经济的发展，较多地依赖投资的扩张，消费在经济运行中的地位和作用有所忽视，投资与消费的发展不平衡与比例失调。投资与消费的对 GDP 的贡献率方面，《中国统计年鉴》的数据表明，1978 年到 2010 年，在 GDP 的三驾马车中，投资贡献率总体而言呈上升趋势，在其间的大部分年份，投资的贡献率都在 20% 到50% 之间，而 2010 年的投资贡献率上升到 54%。相比之下，消费率则呈不断下降的趋势，从 1978 年的 62.1% 下降到 2010 年的 47.4%。消费对 GDP 的贡献率，2010 年仅为 36.8%，创历史最低水平，远低于投资对 GDP 的贡献率。

自改革开放至今，投资与消费之间常常处于不平衡状态，这种状态已经成为中国经济中深层次矛盾。消费与投资关系，可以理解为生产与消费的关系。当投资与消费关系失衡时，由消费所决定的市场需求与投资带来的产出之间，即出现较大差距，生产条件与市场容量脱离。从2003 年起，重化工业的投资的过度增长，使投资与消费之间的矛盾进一步加剧，这与地方政府的过度干预、要素价格的形成机制不合理等因素存在相关性。政府的扩张性宏观经济政策以及区域经济平衡发展的政策，例如西部大开发战略等，都对投资的扩张起到了推动作用。政府一直未能从根本上扭转投资与消费之间的失衡问题。从消费的角度看，居民收入增长缓慢、边际消费倾向减弱、区域发展不平衡、地方保护主义、收入分配的不平衡、社会保障和福利发展的滞后等多方面因素，都制约了消费率的提高。

投资与消费的比例失调，反应了总供给与国内总需求（内需）之间的不平衡，国内总需求无法吸收全部的供给能力。国内总需求（内需）相对不足，过剩的供给能力是依靠国外需求（即出口）实现的。出口作为宏观经济中总需求的一部分（外需），是拉动中国经济的三驾马车之一。内需不足和对外需的依赖是同时出现的，二者的形成过程相互影响且互为因果，即：由于内需不足和产能相对过剩，因而寻求外需吸收过剩的产能，外需的持续扩大也成为加剧内需的不足原因。外需的持续扩大，与国家对出口型产业的退税补贴的出口导向型发展模式相关，也与中国的资源、劳动力的低成本优势等原因相关。外需的扩大，吸收了国内的生产要素和产能，同时降低了内需的比例，加剧了内需的不足。

表4—1　　改革开放以来以支出法核算的中国国内生产总值（GDP）

（按当年价格计算，1978—2010）

年份	GDP（亿元）	人均GDP（元）	最终消费支出	资本形成总额	货物和服务净出口	投资率（%）	最终消费率（%）	储蓄率（%）
1978	3605.6	381	2239.1	1377.9	-11.4	38.2	62.1	37.9
1979	4092.6	419	2633.7	1478.9	-20.0	36.1	64.4	35.6
1980	4592.9	463	3007.9	1599.7	-14.7	34.8	65.5	34.6
1981	5008.8	492	3361.5	1630.2	17.1	32.5	67.1	32.9
1982	5590.0	528	3714.8	1784.2	91.0	31.9	66.5	33.5
1983	6216.2	583	4126.4	2039.0	50.8	32.8	66.4	33.6
1984	7362.7	695	4846.3	2515.1	1.3	34.2	65.8	34.2
1985	9076.7	858	5986.3	3457.5	-367.1	38.1	66.0	34.0
1986	10508.5	963	6821.8	3941.9	-255.2	37.5	64.9	35.1
1987	12277.4	1112	7804.6	4462.0	10.8	36.3	63.6	36.4
1988	15388.6	1366	9839.5	5700.2	-151.1	37.0	63.9	36.1
1989	17311.3	1519	11164.2	6332.7	-185.6	36.6	64.5	35.5
1990	19347.8	1644	12090.5	6747.0	510.3	34.9	62.5	37.5
1991	22577.4	1893	14091.9	7868.0	617.5	34.8	62.4	37.6
1992	27565.2	2311	17203.3	10086.3	275.6	36.6	62.4	37.6
1993	36938.1	2998	21899.9	15717.7	-679.5	42.6	59.3	40.7
1994	50217.4	4044	29242.2	20341.1	634.1	40.5	58.2	41.8
1995	63216.9	5046	36748.2	25470.1	998.6	40.3	58.1	41.9
1996	74163.6	5846	43919.5	28784.9	1459.2	38.8	59.2	40.8
1997	81658.5	6420	48140.6	29968.0	3549.9	36.7	59.0	41.0
1998	86531.6	6796	51588.2	31314.2	3629.2	36.2	59.6	40.6
1999	91125.0	7159	55636.9	32951.5	2536.6	36.2	61.1	38.9
2000	98749.0	7858	61516.0	34842.8	2390.2	35.3	62.3	37.7
2001	109028.0	8622	66933.9	39769.4	2324.7	36.5	61.4	38.6
2002	120475.6	9398	71816.5	45565.0	3094.1	37.8	59.6	40.4
2003	136634.8	10542	77685.5	55963.0	2986.3	40.9	56.9	43.1
2004	160800.1	12336	87552.6	69168.4	4079.1	43.0	54.4	45.6
2005	187131.2	14185	99051.3	77856.8	10223.1	41.6	52.9	47.1
2006	222240.0	16500	112631.9	92954.1	16654.0	41.8	50.7	49.3
2007	265833.9	20169	131510.1	110943.2	23380.6	41.7	49.5	50.5
2008	314901.3	23708	152346.6	138325.3	24229.4	43.9	48.4	51.6

续表

年份	GDP（亿元）	人均 GDP（元）	最终消费支出	资本形成总额	货物和服务净出口	投资率（%）	最终消费率（%）	储蓄率（%）
2009	346316.6	25608	166820.1	164463.2	15033.3	47.5	48.2	51.8
2010	394307.6	29992	186905.3	191690.8	15711.5	48.6	47.4	52.6

资料来源：《中国统计年鉴（2011）》，中华人民共和国国家统计局编。

注1：资本形成率指资本形成总额占支出法国内生产总值的比重，即投资率。

注2：最终消费率指最终消费支出占支出法国内生产总值的比重。

注3：储蓄率为近似值，约等于（1－消费率）。

表4—2　　　　三大需求对国内生产总值增长的贡献率和拉动

（按不变价格计算）

年份	最终消费支出		资本形成总额		货物和服务净出口	
	贡献率（%）	拉动（百分点）	贡献率（%）	拉动（百分点）	贡献率（%）	拉动（百分点）
1978	39.4	4.6	66.0	7.7	－5.4	－0.6
1980	71.8	5.6	26.4	2.1	1.8	0.1
1985	85.5	11.5	80.9	10.9	－66.4	－8.9
1990	47.8	1.8	1.8	0.1	50.4	1.9
1995	44.7	4.9	55.0	6.0	0.3	—
2000	65.1	5.5	22.4	1.9	12.5	1.0
2001	50.2	4.2	49.9	4.1	－0.1	—
2002	43.9	4.0	48.5	4.4	7.6	0.7
2003	35.8	3.6	63.2	6.3	1.0	0.1
2004	39.5	4.0	54.5	5.5	6.0	0.6
2005	37.9	4.3	39.0	4.4	23.1	2.6
2006	40.0	5.1	43.9	5.6	16.1	2.0
2007	39.2	5.6	42.7	6.1	18.1	2.5
2008	43.5	4.2	47.5	4.6	9.0	0.8
2009	47.6	4.4	91.3	8.4	－38.9	－3.6
2010	36.8	3.8	54.0	5.6	9.2	0.9

资料来源：《中国统计年鉴（2011）》，中华人民共和国国家统计局编。

注1：三大需求指支出法国内生产总值的三大构成项目，即最终消费支出、资本形成总额、货物和服务净出口。

注2：贡献率指三大需求增量与支出法国内生产总值增量之比。

注3：拉动指国内生产总值增长速度与三大需求贡献率的乘积。

二　"储蓄—投资"正缺口

从储蓄率与投资率数据看，储蓄率也长期高于投资率，"储蓄—投资"正缺口呈现不断扩大的态势。对《中国统计年鉴》的数据进行整理，可以得出储蓄率的近似值。储蓄率在 1978—1993 年这段时间与投资率基本持平，不少年份还略微低于投资率。然而从 1994 年开始，储蓄率开始出现持续上升的态势，且上升的幅度超过了投资率。在 1994 年以后的大多数年份里，储蓄率明显高于投资率。

从上文对开放经济下的宏观经济的分析可知：

$$CA = S—I$$

该式表明，在开放经济条件下，宏观经济均衡的条件已经不再是封闭经济条件下的"储蓄等于投资"了。储蓄与投资之间不一定是恒等的关系，而是可能存在缺口，而这个缺口可以反映为经常项目的余额。当经常项目的余额为零时，储蓄与投资相等；而从实际情况看，世界上大多数国家的经常项目余额在大多数情况下并不为零，一些国家在某特定年份的经常项目表现为逆差，而另一些国家则为顺差。许多发展中国家和转轨国家的经常项目表现为长期逆差。经常项目余额不为零成为宏观经济的常态。

中国的经常项目长期处于顺差状态，这与中国经济中储蓄—投资正缺口的表现相一致。从 1980—2011 年的统计数据看，中国的经常项目余额及其占 GDP 的比重，总体而言处于上升态势。1994 年之前，经常项目波动较大且时常处于逆差状态。1994 年后，经常项目余额一直处于顺差。自1997 年起，经常项目的盈余处于迅速上升的态势。中国加入 WTO 后，经常项目盈余的上升势头更为强劲，从 2001 年到 2008 年间，经常项目盈余的上升尤为迅速，成为外汇储备的主要来源。自 2009 年开始，在国际金融危机的冲击下，世界经济遭受严重冲击，中国的出口出现下滑，但经常项目余额仍保持在高位的顺差状态。

表 4—3　　1980—2011 年中国经常项目余额及占 GDP 的比重　　单位：10 亿美元，%

年份	1980	1981	1982	1983	1984	1985	1986	1987
经常项目余额	0.29	2.28	5.60	4.14	1.94	-11.59	-7.23	0.30
占 GDP 比重	0.14	1.35	1.99	1.37	0.63	-3.75	-2.43	0.09

续表

年份	1988	1989	1990	1991	1992	1993	1994	1995
经常项目余额	-3.802	-4.317	11.997	13.27	6.40	-11.90	7.66	1.62
占 GDP 比重	-0.94	-0.96	3.07	3.244	1.31	-1.94	1.37	0.22
年份	1996	1997	1998	1999	2000	2001	2002	2003
经常项目余额	7.24	36.96	31.47	15.67	20.52	17.41	35.42	45.88
占 GDP 比重	0.85	3.88	3.09	1.45	1.71	1.31	2.44	2.80
年份	2004	2005	2006	2007	2008	2009	2010	2011
经常项目余额	68.66	134.10	232.71	353.88	412.37	261.01	237.62	201.72
占 GDP 比重	3.55	5.94	8.58	10.13	9.12	5.23	4.01	2.76

数据来源：国际货币基金组织（IMF）统计数据

"储蓄—投资"正缺口以及投资与消费的比例失衡表明，中国宏观经济的总供给大于总需求。如果把 S 理解为总供给，I 理解为内需，CA 可理解为外需。则：

$$S = I + CA$$

上式表明，国民储蓄可以分为两部分：一部分由投资来吸收；另一部分由净出口吸收。当国内投资不足以吸收储蓄时，储蓄即通过外部需求的增加来吸收。当储蓄大于投资时，总供给相对与国内总需求处于过剩状态，外需是弥补总供给过剩正缺口的途径。从另一个角度看，当外需得到充分发展，经常项目实现盈余时，总供给一方面满足国内需求，同时也满足外部需求。这与"投资—储蓄"正缺口的描述是一致的。上述关于储蓄率过高的判断，在《中国统计年鉴》的数据中得到了印证。

三 外部失衡

上述"投资—消费"比例的不合理和"储蓄—投资"正缺口，均表明中国经济存在的内部不均衡问题。与此同时，宏观经济的外部也处于不均衡状态，外部失衡以"双顺差"为突出表现，且内外失衡相互影响、互为因果。

内需的不足加上鼓励出口的优惠政策，导致中国长期保持经常项目顺差，而招商引资的优惠政策又致使资本与金融项目产生顺差。对出口的大量补贴，相对于给予出口对象国低价福利补贴，并以本国的资源、劳动力、环境为代价对这种出口创汇模式加以维持。以优惠的政策吸引外资，虽然促进了资本形成并取得了外溢效应，提升了技术水平和产业结构，但是，内外有别的政策限制了民族资本的发展，对国内的私人投资产生了"挤出"效应。伴随着"双顺差"的产生，宏观经济的内部均衡问题不但没有解决，而且还由于"双顺差"程度的加深而加剧。"双顺差"越多，外需在总需求中的份额越大，内需就相对越小，经济资源就会更多地用于出口外向型投资。经常项目顺差使出口导向型发展模式日益固化，使对外出口产业的投资增加；出口型产业投资规模的增加又会对内向型投资产生"挤出"效应，制约了中国经济的内向型发展，对"西部大开发"、"中部崛起"和"振兴老工业基地"等区域协调与均衡发展政策有一定的负面效应。出口型产业的投资属于固定资产投资，由于缺乏流动性而成为"沉没成本"，易受国际需求波动、国际汇率变动、国际贸易摩擦等不确定、不可控因素的影响而遭受损失。在国际金融危机的冲击下，世界经济不景气使沿海的许多出口型企业订单陡降，出口型企业及出口导向的发展模式受到了较大的冲击和挑战。

储蓄率相对于投资率的偏高，也表明国内的储蓄—投资转化渠道不畅，制约了资本形成和经济的发展。如果把外汇储备视为经济中的外汇储蓄，则在开放性经济的框架下，储蓄—投资转化率的整体水平则更低。外汇储备作为总储蓄的一部分，没有得到有效利用，经济中的资源未得到优化配置。伴随外汇储备越来越高，外汇资源的保值、增值和国际转化成为亟待解决的问题。

表4—4　　　　　　　　　1978—2011 年中国外汇储备余额　　　　　单位：亿美元

年份	1978	1979	1980	1981	1982	1983	1984
外汇储备	1.67	8.40	-12.96	27.08	69.86	89.01	82.20
年份	1985	1986	1987	1988	1989	1990	1991
外汇储备	26.44	20.72	29.23	33.72	55.50	110.93	217.12
年份	1992	1993	1994	1995	1996	1997	1998
外汇储备	194.43	211.99	516.20	735.97	1050.29	1398.90	1449.59
年份	1999	2000	2001	2002	2003	2004	2005
外汇储备	1546.75	1655.74	2121.65	2864.07	4032.51	6099.32	8188.72
年份	2006	2007	2008	2009	2010	2011	
外汇储备	10663.40	15282.49	19460.30	23991.52	28473.38		

资料来源：《中国统计年鉴（2011）》，中华人民共和国国家统计局编。

　　"双顺差"的持续提高，也推高了人民币汇率，然而，人民币仍不是国际上的主要流通、储备、标价、结算货币。人民币汇率的提高，降低了对外投资的成本，使对外投资成为一种现实考虑，但从另一方面看，人民币升值对等于美元等国际储备的贬值，外汇储备资产以人民币标价形式上发生了损失。

表4—5　　　　　　　　　1985—2010 年人民币汇率　　　　　　　　（年平均价）

年份	1985	1986	1987	1988	1989	1990	1991
100 美元	293.66	345.28	372.21	372.21	376.51	478.32	532.33
年份	1992	1993	1994	1995	1996	1997	1998
100 美元	551.46	576.20	861.87	835.10	831.42	828.98	827.91
年份	1999	2000	2001	2002	2003	2004	2005
100 美元	827.83	827.84	827.70	827.70	827.70	827.68	819.17
年份	2006	2007	2008	2009	2010		
100 美元	797.18	760.40	694.51	683.10	676.95		

资料来源：《中国统计年鉴（2011）》，中华人民共和国国家统计局编。

　　内部均衡与外部均衡的两方面问题对宏观经济的稳定性和政策空间造成了负面影响。外贸依存度过高、外向型经济对国外市场的依赖性使外需变动的风险上升；外资对内资的"挤出"效应制约了国内的发展与区域平衡政策效果；外汇占款扩大了国内货币供给，使流动性被动增加，央行的货币政策也受到一定程度的制约。

四　中国资本国际化的宏观经济意义

　　通过对开放条件下中国宏观经济的考察，中国资本的国际化能够在一定程度上缓解经济中的内在矛盾。

　　一是"投资—消费"比例的不合理可以得到一定程度的缓解。对外投资弥补了"投资—消费"不平衡问题。对外投资一方面使投资活动转向海外，对国内投资率相对于消费率偏高的问题有缓解作用；另一方面，对于投资对象国而言，对外投资促进当地的资本形成，对于那些投资相对不足的国家，例如许多发展中国家和欧亚转轨国家能够发挥作用。

　　二是"储蓄—投资"的正缺口可以得到一定程度的缓解。对外投资使外汇储备得到了投资渠道，使外汇储蓄得到利用。与此同时，对外投资也以本国的外汇储蓄来支持投资东道国的投资，相当于提高了投资对象国的实际储蓄率。对于收入水平不高的发展中国家而言，储蓄率的上升，能够促进人均资本的深化与广化，提高人均收入水平。

三是外部失衡问题可以得到一定程度的缓解，对外投资使经常项目、资本与金融项目的顺差持续上升的态势得到缓解。出口型投资如果转化为对外投资，则能够减少经常项目的顺差。企业以外汇资源进行对外投资时，以人民币购买外汇，则降低流动性被动扩张，缓解外汇占款问题，同时也缓解了人民币升值的压力，有助于人民币汇率的稳定和外币储备资产的保值。

第四节　欧亚国家的宏观经济特征与中国投资

鉴于以上分析，中国的资本国际化是突破宏观经济发展模式的重要举措。而根据欧亚国家的宏观经济的特征，中国企业对欧亚国家的投资具有互利性。

一　欧亚转轨国家的经济状况

（一）欧亚国家的"两缺口"特征

欧亚转轨国家的宏观经济与发展中国家类似，表现为"两缺口"特征。"两缺口"是发展经济学关于发展中国家宏观经济特征的描述。与前文对中国的宏观经济内外均衡问题的分析类似，"两缺口"模式可从宏观经济学的国民收入恒等式入手加以分析。

以支出法核算的国民收入为：

$$Y = C + I + G + (X - M)$$

以收入法核算的国民收入：

$$Y = C + S_p + T$$

均衡条件为：

$$\begin{cases} Y = C + S_p + T \\ Y = C + I + G + (X - M) \end{cases}$$

即：

$$I + G + X - M = S_p + T$$

即：

$X - M = S_p - I + T - G$

T－G 视为政府储蓄，即 S_g；则：总储蓄 S ＝ Sp ＋ Sg。

由此可得：

$S - I = X - M$

"两缺口"的表现是等式的左右两端均为负。等式的右端是经常项目的逆差，表示本国的供给能力无法满足国内需求，即总供给小于总需求，经济中的供给不足。供求缺口部分，即内需缺口通过进口来弥补，形成经常项目赤字。等式左边的"储蓄—投资"结构中，储蓄率偏高，而投资不足，这个缺口表明本国资本不能满足国内投资需求，缺口部分是通过引进外资弥补的。

欧亚国家"两缺口"的成因，可以追溯到计划经济。欧亚国家的经济转型初期，遇到经济下滑、供给短缺、物价上涨等宏观经济不稳定的问题，许多国家经历了"休克"过程。"休克"过后，欧亚国家的宏观经济实现稳定并复苏反弹，但大多数国家表现出与发展中国家类似的"两缺口"状态。经济转轨后，原先计划体制下长期压制的国内需求开始扩张，国内价格放开、市场开放后，国内产能无法在短时间内提高，与此同时，许多欧亚国家开放了国内市场，大量国外产品占领欧亚国家的市场。同时，在东欧国家，金融业的开放使这些引进了大量的外资银行，这些外资银行以宽松的条件向个人和企业发放贷款，又促进了信贷消费的扩张。由于东欧国家的供给能力的不足，信贷消费大量用来购买西欧发达国家的产品。欧盟东扩后，新入盟的中东欧国家受到欧盟的收入分配政策的影响，加剧了东欧国家的经常项目赤字，经常项目逆差的扩大，使欧亚国家的外债水平提高。经济转轨的过程中，欧亚转轨国家对旧体制的重建过程，包括私有化、政府职能的重构与企业转换经营机制及设备更新改造等，需要大量资金，由于转轨之初的金融压抑，无法形成高效的资本市场，国内的储蓄不足以支撑本国的资本形成而使"储蓄—投资"缺口出现。资金缺口表明欧亚国家国内资本的短缺。外资大量进入，为经常项目提供了融资，弥补了经常项目的逆差，但许多欧亚转轨国家，尤其是东欧国家，形成了对外资的依赖。在国际金融危机的冲击下，东欧国家一度面临外资撤资的风险。

现根据国际货币基金组织（IMF）的统计数据（见下文的表格），对欧亚地区的俄罗斯、乌克兰、白俄罗斯、波兰和哈萨克斯坦五个主要转轨国家进行考察。俄罗斯、乌克兰和哈萨克斯坦三国在转轨之初经历了经济的大幅下滑，连续数年出现负增长，直到 1999 年才触底反弹；白俄罗斯 1996 年，即卢卡申科上台两年后才开始复苏；相比之下，波兰经济仅出现短暂的下滑。然而从储蓄—投资缺口看，除俄罗斯外，其他国家的投资率总体而言高于储蓄率，表明欧亚转轨国家的总供给能力仍低于总需求。俄罗斯的储蓄率总体而言高于投资率，该国的经常项目总体而言处于顺差且逐步攀升，2011 年，俄罗斯经常项目顺差达到 980.34 亿美元。俄罗斯丰富的能源出口，使该国的宏观经济未表现出较严重的供给缺口和经常项目赤字，不仅如此，该国还大举进行对外投资。乌克兰在大多数年份里，投资率高于储蓄率，只在 1999 年到 2005 年这段时间里，储蓄率高于投资率，在这段时间里，乌克兰的经常项目是处于顺差状态的。而在乌克兰投资率高于储蓄率的年份里，该国经常项目处于逆差且呈现逐步扩大的趋势。在金融危机的冲击下的 2007 年和 2008 年，以及危机过后的 2010 年，乌克兰经常项目赤字的扩大最为明显，说明国际金融危机对该国的冲击较为严重。白俄罗斯的投资率一直高于储蓄率，仅仅在 2005 年，投资率略低于储蓄率。该国的经常项目一直处于逆差。自 2006 年起，白俄罗斯的经常项目逆差呈现明显扩大的趋势，2009 年，经常项目逆差占 GDP 的比重达到 14.99%，这是白俄罗斯独立后最为严重的经常项目逆差，超过了 1995 年经济严重休克时经常项目逆差占 GDP 的比重。2011 年，白俄罗斯的经常项目逆差仍占 GDP 的 10.47%，虽有所改善但问题依然严重。波兰转轨后，投资率也在大多数年份高于储蓄率，虽然波兰的转轨成效一直被西方称道，但该国宏观经济结构中的"投资—储蓄"缺口和经常项目的逆差却一直在持续而未见改善的迹象。2007 年，波兰经常项目逆差出现大幅扩大，2008 年后才有所好转。哈萨克斯坦在转轨之初，投资率远远高于储蓄率，1992 年的经常项目逆差高达 GDP 的 51.66%。在以后的年份，该国一直处于投资率高于储蓄率的缺口状态和经常项目的逆差状态。但 2008 年，哈萨克斯坦的投资率低于储蓄率，经常项目也出现了较多的顺差。2009 年，哈萨克斯坦的投资—储蓄缺口和经常项目逆差重新出现，2010 年和 2011 年，该国的两个缺口再次逆转。该国的宏观经济呈现出较大的波动性。

表4—6　1992—2011年俄罗斯的投资率、储蓄率、经常项目余额及占GDP的比重

单位：10亿美元,%

年份	1992	1993	1994	1995	1996	1997	1998
GDP	85.592	183.816	276.902	313.451	391.775	404.946	271.038
GDP增长率	n/a	-8.7	-12.7	-4.1	-3.608	1.381	-5.345
投资率	37.642	30.015	26.336	25.439	24.26	21.977	17.128
储蓄率	37.642	30.015	29.168	27.661	27.029	21.957	17.209
消费率	62.358	69.985	70.832	72.339	72.971	78.043	82.791
经常项目余额	-1.2	2.6	7.844	6.963	10.847	-0.08	0.219
占GDP比重	-1.402	1.414	2.833	2.221	2.769	-0.02	0.081
年份	1999	2000	2001	2002	2003	2004	2005
GDP	195.907	259.702	306.583	345.126	430.289	591.177	763.704
GDP增长率	6.351	10.046	5.091	4.744	7.253	7.151	6.388
投资率	14.83	18.694	21.503	20.035	20.044	20.337	19.494
储蓄率	27.395	36.73	32.571	28.471	28.274	30.404	30.551
消费率	72.605	63.27	67.429	71.529	71.726	69.596	69.449
经常项目余额	24.616	46.839	33.935	29.116	35.41	59.514	84.443
占GDP比重	12.565	18.036	11.069	8.436	8.229	10.067	11.057
年份	2006	2007	2008	2009	2010	2011	
GDP	989.932	1,299.70	1,660.85	1,222.69	1,487.29	1,850.40	
GDP增长率	8.153	8.535	5.248	-7.8	4.3	4.3	
投资率	21.12	25.36	24.081	16.998	20.695	23.159	
储蓄率	30.65	31.286	30.326	21.048	25.399	28.501	
消费率	69.35	68.714	69.674	78.952	74.601	71.499	
经常项目余额	94.34	77.012	103.722	49.518	69.967	98.834	
占GDP比重	9.53	5.925	6.245	4.05	4.704	5.341	

数据来源：国际货币基金组织（IMF）统计数据。

注：消费率为近似值，约等于（1－储蓄率）。

表 4—7　　　1991—2011 年乌克兰的投资率、储蓄率与经常项目余额

单位：10 亿美元，%

年份	1992	1993	1994	1995	1996	1997	1998
GDP	21.459	33.866	36.755	37.009	44.559	50.152	41.883
GDP 增长率	n/a	−14.2	−22.943	−12.151	−10.044	−2.988	−1.949
投资率	39.351	34.036	23.593	26.926	22.67	21.713	21.061
储蓄率	36.462	31.515	20.429	23.813	20.013	19.051	17.967
消费率	63.538	68.485	79.571	76.187	79.987	80.949	82.033
经常项目余额	−0.62	−0.854	−1.163	−1.152	−1.184	−1.335	−1.296
占 GDP 比重	−2.889	−2.522	−3.164	−3.113	−2.657	−2.662	−3.094
年份	1999	2000	2001	2002	2003	2004	2005
GDP	31.581	31.262	38.009	42.393	50.133	64.884	86.183
GDP 增长率	−0.224	5.85	12.194	5.2	9.6	12.1	2.7
投资率	19.347	19.716	21.806	20.191	22.013	21.173	22.624
储蓄率	24.597	24.453	25.494	27.676	27.78	31.821	25.561
消费率	75.403	75.547	74.506	72.324	72.22	68.179	74.439
经常项目余额	1.658	1.481	1.402	3.173	2.891	6.909	2.531
占 GDP 比重	5.25	4.737	3.689	7.485	5.767	10.648	2.937
年份	2006	2007	2008	2009	2010	2011	
GDP	107.753	142.719	180.116	117.227	136.417	165.245	
GDP 增长率	7.3	7.9	2.3	−14.8	4.1	5.152	
投资率	24.761	28.21	27.94	17.06	18.467	21.455	
储蓄率	23.261	24.516	20.854	15.582	16.255	16.005	
消费率	76.739	75.484	79.146	84.418	83.745	83.995	
经常项目余额	−1.617	−5.272	−12.763	−1.732	−3.018	−9.006	
占 GDP 比重	−1.501	−3.694	−7.086	−1.477	−2.212	−5.45	

数据来源：国际货币基金组织（IMF）统计数据。

注：消费率为近似值，约等于（1−储蓄率）。

表4—8　　1991—2011 年白俄罗斯的投资率、储蓄率与经常项目余额

单位：10 亿美元,%

年份	1992	1993	1994	1995	1996	1997	1998
GDP	4.115	3.662	4.854	3.384	14.5	14.098	15.222
GDP 增长率	n/a	−7.6	−11.7	−11.314	2.776	11.43	8.414
投资率	33.489	72.408	53.462	35.959	21.039	25.134	25.935
储蓄率	33.489	60.528	44.319	22.414	17.481	19.039	19.257
消费率	66.511	39.472	55.681	77.586	82.519	80.961	80.743
经常项目余额	0.222	−0.435	−0.444	−0.458	−0.516	−0.859	−1.017
占 GDP 比重	5.39	−11.88	−9.144	−13.544	−3.558	−6.095	−6.678
年份	1999	2000	2001	2002	2003	2004	2005
GDP	12.138	10.418	12.355	14.595	17.825	22.716	30.21
GDP 增长率	3.353	5.805	4.725	5.045	7.043	11.45	9.441
投资率	26.328	26.798	24.373	23.227	25.253	29.525	26.516
储蓄率	24.732	23.55	21.129	20.94	22.862	24.273	27.957
消费率	75.268	76.45	78.871	79.06	77.138	75.727	72.043
经常项目余额	−0.194	−0.338	−0.401	−0.334	−0.426	−1.193	0.435
占 GDP 比重	−1.596	−3.248	−3.244	−2.287	−2.391	−5.253	1.442
年份	2006	2007	2008	2009	2010	2011	
GDP	36.962	45.276	60.752	49.209	55.221	55.136	
GDP 增长率	9.998	8.647	10.248	0.164	7.741	5.344	
投资率	33.49	35.934	39.242	38.969	42.345	35.409	
储蓄率	29.571	29.22	31.031	26.414	27.355	24.936	
消费率	75.268	76.45	78.871	79.06	77.138	75.727	
经常项目余额	−1.448	−3.04	−4.988	−6.178	−8.278	−5.775	
占 GDP 比重	−3.919	−6.714	−8.211	−12.554	−14.99	−10.473	

数据来源：国际货币基金组织（IMF）统计数据。

注：消费率为近似值，约等于（1−储蓄率）。

表4—9　　　1991—2011 年波兰的投资率、储蓄率与经常项目余额

单位：10 亿美元,%

年份	1992	1993	1994	1995	1996	1997	1998
GDP	88.713	90.366	103.683	139.095	156.661	157.082	171.996
GDP 增长率	2.033	4.287	5.239	6.728	6.239	7.086	4.982
投资率	14.985	15.359	17.502	18.716	20.875	23.429	25.061
储蓄率	13.362	11.215	20.721	19.33	18.792	24.043	22.978
消费率	86.638	88.785	79.279	80.67	81.208	75.957	77.022
经常项目余额	0.859	-1.159	5.479	0.854	-3.264	-5.744	-6.901
占 GDP 比重	0.969	-1.283	5.285	0.614	-2.083	-3.657	-4.012
年份	1999	2000	2001	2002	2003	2004	2005
GDP	167.785	171.263	190.421	198.205	216.811	253.021	303.976
GDP 增长率	4.524	4.253	1.205	1.443	3.867	5.345	3.617
投资率	25.26	24.85	20.771	18.624	18.742	20.069	19.266
储蓄率	21.603	20.837	13.329	12.585	15.62	17.272	16.742
消费率	78.397	79.163	86.671	87.415	84.38	82.728	83.258
经常项目余额	-12.487	-10.343	-5.946	-5.544	-5.473	-13.258	-7.242
占 GDP 比重	-7.442	-6.039	-3.123	-2.797	-2.524	-5.24	-2.382
年份	2006	2007	2008	2009	2010	2011	
GDP	341.67	425.321	529.401	430.847	469.753	514.503	
GDP 增长率	6.227	6.785	5.127	1.628	3.871	4.315	
投资率	21.052	24.445	23.902	20.349	21	21.723	
储蓄率	15.813	22.063	20.054	14.118	14.397	17.741	
消费率	84.187	77.937	79.946	85.882	85.603	82.259	
经常项目余额	-13.147	-26.501	-34.957	-17.155	-21.873	-22.204	
占 GDP 比重	-3.848	-6.231	-6.603	-3.982	-4.656	-4.316	

数据来源：国际货币基金组织（IMF）统计数据。

注：消费率为近似值，约等于（1 - 储蓄率）。

表4—10 1991—2011年哈萨克斯坦的投资率、储蓄率与经常项目余额

单位：10亿美元，%

年份	1992	1993	1994	1995	1996	1997	1998
GDP	2.875	5.152	11.882	16.64	21.036	22.165	22.134
GDP增长率	n/a	-9.2	-12.58	-8.264	0.515	1.613	-1.915
投资率	40.912	26.848	28.702	19.889	20.526	19.629	20.46
储蓄率	7.502	14.1	20.902	19.889	20.526	16.121	16.166
消费率	92.498	85.9	79.098	80.111	79.474	83.879	83.834
经常项目余额	-1.485	-0.445	-0.91	-0.213	-0.743	-0.776	-1.19
占GDP比重	-51.656	-8.636	-7.662	-1.281	-3.532	-3.502	-5.375
年份	1999	2000	2001	2002	2003	2004	2005
GDP	16.87	18.292	22.153	24.637	30.822	43.152	57.125
GDP增长率	2.74	9.8	13.5	9.8	9.3	9.6	9.7
投资率	13.704	18.531	29.733	33.842	28.887	26.261	30.078
储蓄率	13.487	21.656	24.344	29.684	28.002	27.038	28.23
消费率	86.513	78.344	75.656	70.316	71.998	72.962	71.77
经常项目余额	-0.037	0.546	-1.194	-1.024	-0.273	0.335	-1.056
占GDP比重	-0.218	2.986	-5.389	-4.158	-0.885	0.777	-1.848
年份	2006	2007	2008	2009	2010	2011	
GDP	81.003	103.142	135.229	115.308	148.047	186.199	
GDP增长率	10.7	8.9	3.2	1.181	7.251	7.5	
投资率	33.357	36.115	27.143	30.433	26.346	22.787	
储蓄率	30.89	28.047	31.821	26.865	27.973	30.365	
消费率	69.11	71.953	68.179	73.135	72.027	69.635	
经常项目余额	-1.999	-8.322	6.326	-4.114	2.409	14.11	
占GDP比重	-2.467	-8.068	4.678	-3.568	1.627	7.578	

数据来源：国际货币基金组织（IMF）统计数据。

注：消费率为近似值，约等于（1－储蓄率）。

（二）"两缺口"的负面影响

"两缺口"问题表明，欧亚国家的经济就总量而言呈现出短缺特征。欧亚国家的经济转轨过程中，放松甚至取消了对国际资本的管制，一些中东欧国家为加入欧盟，取消了对资本项目的管制并实行货币自由兑换，推动了外资的大量进入。外资的流入弥补了资金的缺口，带来了技术水平和企业治理水平的提升，对经济的发展起到了促进作用。虽然外资发挥了积极作用，但欧亚转轨国家，尤以东欧为典型，形成了对外资的依赖和内蕴的经济风险。"两缺口"的负面作用主要包括外资依赖、经济风险、外债及外币贷款等方面。

欧亚国家对外资一直存在较大的依赖性。在资本缺口依然存在、供给能力未能显著提高的情况下，转轨国家无法摆脱对外资的依赖性。欧亚转轨国家和中国都引进了大量外资，资本项目均为顺差，外资的引进都促进了本国经济的发展。然而，欧亚转轨国家与中国的区别，表现在这些国家的经常项目普遍为逆差状态，而中国则保持经常项目和资本项目的"双顺差"。欧亚国家经常项目的持续逆差，表明这些国家的供给能力无法有效提高，国际竞争力依然较弱，致使国内的"储蓄—投资"缺口无法弥合，经济依然处于资本和供给能力的短缺状态，而外资则成为经济增长的重要动力，并为处于赤字状态的经常项目融资。然而，相对偏高的内需造成经常项目的赤字，致使欧亚国家的国际收支容易出现逆差而导致外部失衡，引发外部失衡的危机，如货币危机。欧亚国家的经常项目的逆差，需要更大规模的外资来恢复国际收支的平衡，由此形成对外资的严重依赖。

外资的引进，从国际收支均衡意义上，冲销了经常项目的赤字，但无法根本改变经常项目的逆差状态。外资虽然一定程度上促进国内供给能力的提升，但也挤占了本国民族资本的投资，遏制了民族资本的发展，同时也使欧亚国家的短缺型经济发展模式发生固化。

外债方面，欧亚国家内需的偏高引起经常项目的逆差，同时又举借大量外债，形成"两缺口＋外债"模式。外债水平内蕴着债务危机的风险和本币贬值的汇率风险。而外资银行向东欧企业提供的优惠信贷，多以外币进行，又使东欧未加入欧元区的大多数国家的外币贷款在本币贬值时债务扩大的风险。

欧亚转轨经济体与许多发展中国家的"两缺口"之间也存在区别。发展中国家对资本项目仍实行管制，而欧亚国家，尤其是东欧国家，放松了对资本项目的管制，实现了资本跨境自由流动，同时实行了货币的自由兑换。欧亚国家，尤其是加入欧盟的东欧国家通过进口来弥补内需的不足，又通过引进大量外资来弥补经常项目的赤字，推动经济增长。然而外资的引进，又使欧亚国家经济蕴含了不可忽视的风险因素。如果世界经济发生系统性的外部冲击，则欧亚国家的外资可能撤回母国，以弥补资金缺口。外资一旦撤离，则会导致东道国货币贬值而爆发货币危机，而东道国货币的贬值，又会使以本币表示的外币贷款上升。如果为防止外资撤离、支持本币汇率而加息，则会阻碍实体经济的复苏。实体经济复苏乏力，又会推高失业率高并进而导致福利开支增大，给政府预算造成巨大的压力。东欧国家实行财政紧缩政策以降低预算赤字，但这种政策却容易引发社会动荡乃至政局稳定。在国际金融危机的冲击下，外资一度大量出逃并引发经济风险，一些欧亚国家的宏观经济政策陷入困境，IMF 等机构的救助将在一些经济相对困难的国家发挥决定性作用，进而影响这类国家的预算、财政政策及其他相关经济政策。

二　中国资本对欧亚投资的互利性

现从中国与欧亚国家的经济发展模式与宏观经济的内外均衡入手，对中国资本进入欧亚国家的宏观经济意义进行分析。

从内外均衡角度看，中国经济表现为国内的消费相对于投资偏弱，内需的不足由外需弥补，形成出口导向型经济和经常项目持续顺差；国内的储蓄率相对于投资率偏高，国内储蓄向投资的转化渠道不畅，引进外资的优惠政策导致资本项目持续顺差，同时对国内投资起到了挤出效应。欧亚国家大量引进外资，外资甚至进入银行等关键部门成为战略投资者，其持股比例远高于中国。但欧亚国家的总供给能力的提升有限，表现为国内需求高于自身的供给能力，其缺口由进口来弥补。除俄罗斯外，其他欧亚转轨国家普遍形成了经常项目的长期逆差。中国相对过剩的生产能力不仅需要寻求海外市场，而且需要进行对外投资来实现内外均衡；而相比之下，欧亚国家的产能不足，对进口和外资依赖性强，对进口的依赖影响制约了欧亚国家国内供给能力的形成，并造成外债问题；外资虽然推动了欧亚国家的经济增长，但同时也使外资依赖型的发展模式固化，并蕴含并积累了经济风险。欧亚国家不仅需要引进直接投资，而且需要引导直接投资的方向，并且通过根据本国的要素优势而引进能够提高本国竞争力的生产能力的外资。欧亚国家的经济发展应着眼于国内竞争力和供给水平的提高，以减少进口，促进国内的民族资本形成，逐渐摆脱对进口和外资的依赖。

中国资本投向欧亚国家，从宏观经济意义上看，对中国和欧亚国家双方都是有利的。中国的总供给能力推动了出口，并促进了对外投资；欧亚国家处于总供给不足和资本短缺状态，当前的关键问题是促进资本形成，形成国内的供给能力，才能摆脱对进口与外资的依赖。从当前的现实条件看，中国与大多数欧亚国家之间，资本的流向将呈现单向性特征，欧亚国家目前还比较缺乏大规模对外投资的能力，这些国家应吸收来自中国的投资。

从投资的产业类型看，来自中国的投资主要在集中在制造业、基础设施建设和服务业。从中国与欧亚国家之间的进出口贸易看，中国对欧亚国家处于顺差；从就业看，欧亚国家的失业率偏高。因此，中国对欧亚国家制造业的投资，有利于降低中国的经常项目顺差而改善欧亚国家的经常项目逆差，有利于双方的国际收支平衡，同时改善欧亚国家的就业，这对于双方都是有利的。欧亚国家经常项目的改善和生产能力的提高，也有利于清偿外债。中国对欧亚国家的投资，有利于促进中国外汇储备资金的合理使用，并在对欧亚国家投资的过程中，把国内的一部分过剩的产能向欧亚国家转移。对欧亚产油国的能源投资，一方面有助于东道国的能源开发与生产加工，对中国而言可以促进能源供给的多样化。此外，在能源生产国进行制造业等投资，是中国企业获得能源保障的模式之一，通过这种模式，中国企业在以优惠的价格获取生产国的能源的同时，也带动了当地的经济发展和就业。中国企业还应以 BOT 模式投资于欧亚国家的基础设施建设，这种模式可以改善当地的投资环境，降低东道国的经济运营的成本，为东道国节省了基础设施修建、改造、维护的资金，减少财政开支，克服预算困难，还带动了当地的经济，缓解失业问题。

三　后危机时代中国对欧亚国家投资的意义

（一）国际金融危机的冲击下的欧亚经济

在 2008 年金融危机的冲击下，东欧国家受到了较高的关注，因为该地区在危机前被称为外资的乐园。然而，危机爆发引起了外资的撤出，波兰、捷克、匈牙利、拉脱维亚等国的货币出现大幅贬值，而这些国家在欧盟东扩后，吸引了大量外资而实现了较快增长。外资吸引额越大，则资本抽逃的规模也越大，经济风险越高。货币贬值不仅导致外币贷款显著提升、还本付息压力提升、外币融资成本显著上升，而且，向外部融资的违约风险也显著上升，可能会殃及其东欧国家的主要债权人——西欧银行而引发"第二波"。虽然在欧盟、IMF等救助下，东欧国家避免了"第二波"的爆发，然而本次金融危机充分暴露了东欧国家，乃至欧亚转轨国家的经济与金融风险。

在金融危机的冲击下，欧亚国家的宏观经济数据普遍恶化。2009年，除白俄罗斯等少数国家外，欧亚国家经济出现明显的衰退，乌克兰、拉脱维亚等国的负增长甚至高达两位数。除GDP增长率外，欧亚国家的宏观经济的其他指标也出现了恶化，突出地表现为财政预算压力大，公共债务与外债水平的提高，经常项目波动，以及失业率的上升。对于未加入欧元区的国家而言，货币币值稳定压力增大。

欧亚国家在金融危机的冲击下，经济发生了深度衰退。即使本国的救助措施和外来的援助对经济状况有所缓解，但救助政策却往往只是推迟了问题的爆发，而并没有根除产生问题的根源。救助政策换得了时间，把迫在眉睫的问题推迟到未来，但是，在通过救助政策的实施而获取的时间里，要实现经济结构乃至发展模式的根本调整并获得实效，又是非常困难的。

欧亚各国通过国内和外部救助政策的实施而使各国的经济走出了谷底，经济实现了平缓的复苏。然而，复苏的表象却无法掩盖各国经济的脆弱性。欧亚国家经济复苏的基础仍不坚实，财政预算、公共债务依然处于高水平甚至继续恶化，主权债务风险加大，接受外部救助的国家提高了债务水平。救助政策和国际大宗商品上涨等因素又会价格水平。各国的复苏也未能改善失业问题。欧亚国家的复苏具有"负债复苏"、"无就业复苏"的性质。

（二）欧亚国家的宏观经济政策

欧亚国家在遭受国际金融危机的严重冲击时，纷纷采取了救市政策，乌克兰、白俄罗斯、拉脱维亚等国在外部援助下，才摆脱各自的危机，例如拉脱维亚主权发生债务危机，乌克兰2008年发生货币危机，2011年发生经常项目危机，白俄罗斯2011年发生较严重的货币与经济危机。在财政与预算方面，除2011年前的白俄罗斯外，欧亚国家普遍采取了紧缩政策，旨在控制财政开支，促进预算安排。乌克兰、拉脱维亚等国接受了

IMF 援助，乌克兰和白俄罗斯接受俄罗斯贷款援助。接受外援的国家均采取了紧缩政策，以满足援助方的要求，但也因而丧失了财政扩张的自主权和独立性。

在欧亚地区，斯洛文尼亚、斯洛伐克和爱沙尼亚三个国家加入了欧元区。三国使用欧元后，即已让渡货币主权，丧失了独立的货币政策，但获得了相对强势的欧元作为稳定锚，并降低了货币兑换的交易成本。三国加入欧元区的代价是宏观经济政策的空间更小，无法通过本币的贬值来维持外部均衡。欧元区主权债务危机愈演愈烈，已通过贸易和投资渠道，对欧亚国家经济造成了显著的负面影响，尤其是对与欧元区经济关系更为紧密的东欧国家形成了深刻影响。在这种情况下，东欧的波兰、捷克、立陶宛等国已不再急切加入欧元区，而是采取了观望姿态，把本国宏观经济的稳定放在宏观经济政策的首要位置。

（三）新形势下中国对欧亚国家的投资

在金融危机爆发前的一段时间里，欧亚国家取得了较快的发展，但经济状况总体而言存在的不足和内在风险。在国际金融危机和欧元区债务危机的冲击下，欧亚国家的经济出现困难，突出表现在经济复苏乏力，财政预算压力大，公共债务高而致使主权债务风险大，外债水平高，失业率高，而经常项目也容易出现逆差而降低外汇储备，并进而导致货币危机。救助政策使世界经济有所复苏，但流动性的扩张、大宗商品价格的上涨等因素又推高了欧亚国家的价格水平。欧亚国家经济依然在困难中运行，宏观经济政策空间不大。在这种情况下，中国企业对欧亚国家开展投资，有助于欧亚国家克服经济困难。中国企业的投资有助于促进欧亚国家的经济复苏，制造业投资有助于提升欧亚国家的生产能力。中国企业通过 BOT 项目承建欧亚国家的基础设施项目，能够缓解项目所在国的财政预算压力，有助于欧亚国家维持紧缩型的财政政策，以达到 IMF、俄罗斯等援助方所提出的财政纪律；而财政收支的改善，有助于降低欧亚国家的主权债务的风险，有利于欧亚国家获得进一步的援助。中国企业如果能够通过对欧亚国家投资来替代原先向欧亚国家的出口，则有利于改善欧亚国家的经常项目逆差，同时增加资本项目的顺差，有利于改善欧亚国家的内外均衡和宏观经济的稳定。

欧元区债务危机仍在不断发酵中，这会使西欧资本对欧亚国家，尤其是东欧国家的投资热情降低，使东欧国家以外资支持经济增长的模式受到挑战。在这种情况下，欧亚国家一方面需要寻求新的外资来源；另一方面还需要在获得外资的同时，充分发挥本国的要素优势，提升本国的竞争力，使经常项目扭亏为盈，国际储备提升，使外部均衡实现保障。因此，来自中国的资本，一方面可以作为欧亚国家外资的替代来源，保持欧亚国家的国际收支平衡；另一方面，来自中国的投资，对于欧亚国家资源的优化配置和要素的充分使用能够发挥作用，有助于欧亚国家摆脱长期困扰经济长期发展的短缺问题。

对于中国来说，金融危机对于中国企业的欧亚投资提供了新的机遇，为中国资本提供了新的国际化空间。中国资本向欧亚地区流出的方式，不仅可以通过企业的直接投资，而且还可以通过金融机构的信贷支持和政府的援助。中国资本向欧亚国家的流动，有利于促进中国经济的内外均衡和国际收支平衡和长期发展，也有利于缓解欧亚国家的经济困难，对双方而言具有互利性。在欧亚国家中，俄罗斯、哈萨克斯坦等是中国的邻国，波兰、捷克、乌克兰等国拥有地缘优势、区位优势和发展潜力。已经加入欧元区的东欧国家拥有币种优势，有利于中国的对外投资规避汇率风险。中国企业在欧亚具有广阔的投资空间。国际金融危机后，世界经济政治秩序有望重构，对于中国与欧亚国家而言，以提升经贸合作为基础改善双边关系，以外交关系的改善提升经贸合作水平，具有长期而深远的战略意义。

第五章　对外投资与欧亚投资战略

　　本章讨论中国资本国际化的大趋势下的战略选择与战略安排。作为战略选择与安排，其特点是全局性和长期性，着眼点是全局性的长期目标，而不过于计较短期、局部性的得失。战略安排注重长期收益，区别于短期性的策略性安排。中国资本的国际化和中国的欧亚投资的主体是政府和企业。在现代经济体中，政府的职能具有规制性、政策性和公共性特征。政府的经济职能主要包括：负责宏观经济的规制与管理，维持宏观经济的稳定与均衡，负责宏观经济政策的制订，进行宏观经济调控，促进经济要素的优化配置。政府的宏观经济政策注重短期调控，而从经济长期发展的角度看，政府还应该负责制订经济的发展战略。政府还应从产业和企业的角度，制订和实施产业政策，并通过推进现代企业制度而提高企业的竞争力。从公共经济学角度看，政府具有提供公共产品的职能，应该为经济发展提供公共服务，促进正外溢性的公共产品的形成，提高国民福利水平。从对外投资角度看，政府的职责包括：负责开放条件下宏观经济政策安排，制订对外经济与产业战略，促进对外投资主体治理的结构提升。

　　从微观角度看，企业是现代经济体中以盈利为目的基本单元。现代企业应具有完善的治理结构，在以产品市场、原料市场、劳动力市场、资本市场为主体的市场体系中规范运行。公共化的财税体制改革的着眼点是改变政府的经济、社会全能型地位，把经济的公共性职能交给政府，以现代财税体制安排，使政府专注于承担经济中的公共功能。与此同时，财税体制改革应把企业从公共职能中剥离出来，不再承担社会职能，改变"企业办社会"的状态，使企业专注于盈利与经济效率。当然，社会与公共职能的剥离，也并不意味着企业可以不负社会责任。从企业的视角出发，中国企业在国际化与对外投资过程中的战略与策略选择，包括在国际化的过程中提升治理结构的战略、对外投资的区位选择战略、企业的对外投资方式选择战略，以及企业的对外投资风险规避策略等。

第一节　宏观经济视角下的对外投资战略

本节从宏观经济视角和经济发展的中长期视角出发，探讨对外投资战略及欧亚投资的战略选择问题。

一　宏观视角下的对外投资

在开放的宏观经济视角下，政府关于对外投资的战略是保持中国开放型宏观经济的均衡，包括内部均衡和外部均衡。由前文的论述可知，在当前的中国宏观经济中，内部和外部均处于不均衡状态，且内外失衡成为一种常态。从外部不均衡这种表象出发，由表及里，可以探寻出内外不均衡的根源。根据前文的分析，外部不均衡突出表现在"双顺差"，"双顺差"是表象，而这种表现所反应出的问题是多方面的。"双顺差"中，经常项目顺差的原因体现了企业的出口创汇能力，这种能力的形成的原因主要包括内外两方面：一是中国的资源、劳动力优势优势与对外经济政策；二是承接了国际产业的梯度转移，出口型加工贸易获得了发展。中国通过保税区、经济特区等优惠政策，促进了出口型加工贸易的发展；现代企业制度改革和出口配额的取消，激活了中国的要素资源和劳动力的优势；出口退税等补贴措施降低了出口的成本。这些因素大大提高了中国的出口，形成了经常项目的连年顺差。经常项目的顺差提高了出口型产业的资本形成，吸引了金融机构的介入，并且使出口导向型模式成为很多沿海地区的经济发展模式，这种发展模式得到了金融机构和地方政府的支持而不断固化。资本项目的顺差来自外资的引进。地方 GDP 政绩观、国际产业的转移承接、内向发展的区域均衡战略的实施，引起地方招商引资的热潮。以中部崛起为例，随着国际产业的梯度转移和沿海要素成本的提高，中部城市迎来了招商引资的热潮。即使在金融危机的冲击下，中部城市依然引进了大量外资，甚至准备筹建万亿工业园区。

从宏观经济视角看，"双顺差"的根源也在于宏观经济的内部不均衡。

投资拉动经济的模式、社会保障发展滞后、收入分配差距扩大等客观因素，造成了国内消费的相对不足，并成为企业寻求外部市场的动因之一。在区域发展差距扩大的过程中，内地的资源和资金流向沿海，也成为导致内地的内需不足的原因之一。经济特区、保税区、退税政策所形成的政策优势，以及地方保护主义等因素，促进了沿海地区外向型出口产业的发展。企业在内外发展方向的决策中，需要权衡的是内外市场的收益、风险成本与信息。虽然发展国内市场在信息、成本方面具有诸多优势，但沿海地区的外向型出口产业得到了快速发展，并在此过程中提高了中国的外贸依存度。

二　外向型经济发展战略的背景

从经济发展模式看，改革开放初期的政策，对"双顺差"的形成起到了一定作用。在改革开放的早期，外汇成为稳定汇率、获得先进的技术设备的稀缺资源，也是开展国际合作、启动国际项目、获得国际援助的必要条件。实行鼓励出口的政策，发展出口导向型经济，有利于国家的创汇。在市场化改革初期，促进资本形成是摆脱短缺型经济的重要举措，国内资本的短缺可通过引进外资加以弥补，于是形成了引进外资的优惠政策。"双顺差"从制度上溯源，体现了在短缺条件下，快速获得外汇收入和借助于外资促进资本形成的政策，实质上是"出口导向＋外资导向"政策。在政策的具体实施中，也体现了"内外有别，以外为先"的思维模式。

从"出口与引进外资"政策实行的时代背景看，这种政策是必要的，并在实践中取得了成果，发挥了积极意义，促进了国内资本的形成，提升了经济的供给能力，快速摆脱短期状态，推动了经济的发展；此外，外汇储备对中国外部均衡的稳定发挥了积极作用。在东南亚金融危机中，中国打赢了"港股保卫战"，确保了香港经济的稳定。

然而时至今日，在形成"双顺差"和巨额外汇储备后，这种外向型发展模式却没有得到及时调整，且由于发展模式的路径依赖而不断固化、强化，导致政策的过度实行并产生了新的问题。发展模式没有根本性调整转向，内外失衡问题甚至不断加剧，制约了宏观经济政策的工具、空间和实施效果。综上所述，只有重新恢复宏观经济的内外均衡，实现经济结构的合理化和国际收支的平衡，才能够促进经济的进一步发展。宏观经济政策导向的改变已刻不容缓。

三　经济发展模式的战略转向

宏观经济的内部不均衡互为因果且相互影响，因此政府在制订对外投资战略时，不仅需要考虑外部均衡，而且要结合内部均衡加以综合考虑。从外部不均衡的表象探寻，可以解读出宏观经济运行中出现的诸多问题；如果深入考察，又可以在内部均衡问题上找出相应的影响因素；如果追根求源，又能够在经济发展模式与战略、宏观经济管理制度上找到原因。中国宏观经济战略应以"内外再均衡"为着眼点，对经济发展模式提出新的战略调整，并制订实施相应的政策。中国经济的发展模式，从内外均衡的角度看，应调整为对内与对外协调发展，优化内向与外向发展的比例关系，保持外向型经济活力的同时，加强内向发展的政策力度。

应同时促进内部均衡与外部均衡目标的实现，一方面推动内向型发展，与此同时，保持国际收支的基本平衡，保持经常项目、资本与金融项目的适当盈余。为此，应优化国内投资和消费的比例，使消费成为经济发展的主要动力，但也应充分考虑投资的双重属性，在高速增长阶段，充分重视投资在供给与需求两方面的双重作用。重视消费并非忽视投资，经济发展模式应从"投资驱动"向"比例优化的消费与投资拉动"的模式转型。提高民营中小企业的活力，鼓励中小企业的投资，遏制盲目的招商引资和投资扩张，对中小企业实行投资优惠政策和公共服务。着力提高收入水平，促进收入分配的平等，缩小收入差距，培养消费者群体；建立覆盖全国的社会保障与养老金制度。为提高消费率，可考虑实行合理的消费补贴政策。拓宽"储蓄—投资"转化机制，加强中介机构与资本市场的构建，积极推动创业板、创业投资和场外市场的建设，推动中小型银行信贷机构的建设，使小型金融运行规范化，成为中小企业的有效的融资渠道。重视国际资本市场的作用，适当支持中国企业进行国际融资，以国际资金进行国内投资，成为外资的运用主体。与此同时，适当减弱对出口的补贴力度，从"鼓励出口创汇"向"维持进出口基本平衡并保持盈余"的进出口战略转型。在优化内部均衡结构，培养内需的同时，适当减弱对出口的优惠政策力度，使资源、市场和经济发展方向国内倾斜。与此同时，促进区域平衡发展，以产业梯度转移为契机，推动内地经济的发展，推动西部大开发、中部崛起，振兴老工业基地，使外资和国内资本向内地转移，使资本的流向更加均衡，促进内地的资本形成与就业，拉动内地经济，促进区域平衡发展。为此，可给予投向中西部的投资以相应的优惠政策。在外资政策方面，从"引进外资"转为"引进外资与对外投资平衡发展"，可鼓励中国企业以海外融资而进行国内投资。减弱对外资的优惠力度，缩小内资与外资的差别歧视。

四　再均衡发展模式中的对外投资战略

（一）对外投资的经济效应

在以开放经济的再平衡为着眼点的新经济发展模式中，对外投资战略应得到充分的重视。从直观上看，对外投资会引起一个国民收入的等额减少。从国民收入出发探讨，开放经济的产品市场均衡可表示为：

$$Y = C + (FDI - OFDI) + G + (X - M)$$

由上式可知，如果把对外投资 OFDI 视为自变量，把国民收入 Y 视为因变量，同时控制其他因素，可以看出，对外投资 OFDI 与国民收入 Y 呈反方向变动。变动幅度为：

$$\frac{dY}{d(OFDI)} = -1$$

然而，国民收入恒等式是一个静态的模型，只分析结果，而不分析过程。静态模型不考虑时间因素，含义是在一瞬间达到新的均衡。静态模型只能用于短期分析。但是在长期，对外投资的增加，有可能会提高中国国内母公司的整体竞争力，或者获得关键资源，或者更好地利用了国外的资金，或者海外盈利发生了回流。这样，对外投资的增加，在长期就有可能提高国内收入。因此，对于对外投资问题，不宜用简单的公式进行高度抽象，而应结合经济运行的实际情况，分析其他诸多方面的效应，把对外投资对国内经济的影响加以具体分析。

（二）再均衡框架下对外投资战略的基本内容

为实现宏观经济的内外再均衡，应实行以实现内外均衡为导向的经济发展模式。在再均衡的框架下，对外投资战略的内容应包括如下方面：

一是鼓励中国企业对外投资。对外投资能够使外汇作为资源得到充分利用，冲销资本项目的顺差，也缓解流动性的被动扩张，增强宏观经济的稳定性，提高宏观经济政策的空间，对于中国宏观经济的再平衡具有重要意义。二是形成促进对外投资的配套战略，包括人民币国际化与双边货币结算协定，人民币汇率形成机制，资本市场国际化，资本项目的开放等方面。三是促进跨国经营的对外投资主体的培育孵化，形成熟悉、了解、遵守国际通行惯例，并遵守东道国规制和社会文化的跨国投资与经营主体，提升对外投资主体的治理结构和国际竞争力。四是制订对外投资的产业战略，通过对外投资并购活动，提高中国企业的创新、研发和管理能力，支持中国企业在海外并购战略性核心资产，促进产业结构的升级与优化。支持中国企业把边际产业向外转移。支持中国企业通过对外投资获取能源和资源，以弥补国内的不足。鼓励中国企业通过对外投资，利用国际资本市场，拓宽融资渠道。还可鼓励企业以外汇资金购买国外的设备，用于国内投资，促进国内的产业升级。

　　"双顺差"是外部失衡的表象，对外投资的目的是提高资源和要素的的配置效率，促进经济的均衡与发展，而并非"为平衡而平衡"。如果以外汇储备支持国内投资，虽然不能缓解资本与金融项目的顺差，但可以把外汇储备资源加以使用，减缓被动增加的流动性，维持国内价格的稳定。购买海外的设备还可以扩大进口，促进经常项目的平衡。

五　再均衡模式中的欧亚投资战略

　　在中国的资本国际化战略中，应提高欧亚国家的地位。应充分认识资本形成对欧亚转轨国家的重要作用，理解中国的投资对欧亚国家的重要意义。应重视对俄罗斯这个拥有潜力的邻国进行投资，抓住俄罗斯加入 WTO 的机会，促进对俄的投资，可尝试在中国一侧的边境地区设立经济特区以促进对俄投资；中俄两国也可在边境相邻地区共同设立经济特区，进行共同管理，联合投资开发。推动在已经加入欧盟的东欧国家进行投资，以绕过关税壁垒而进入欧盟市场。可考虑鼓励在已加入欧元区的东欧国家投资，使用欧元与欧元区其他国家结算，降低交易费用。在独联体国家和关税同盟国家的投资，有利于绕过相关的关税壁垒而进入市场。乌克兰与欧盟和独联体国家均存在紧密的经济联系，对乌克兰的投资能够获取潜在的经济利益。白俄罗斯在经济压力下，如果进行结构改革，推动自由化，则可抓住机会在白俄罗斯进行投资。对中亚国家进行投资能够获取资源、能源和市场，并通过经济联系的加强推动中国与中亚国家外交关系的顺利发展，同时获取战略利益。应充分重视欧亚国家对中国的投资价值、经济意义和战略意义，制订对欧亚国家的外交战略，并使之与中国与欧亚国家的经贸投资合作战略相融合，从而形成中国对欧亚国家的总体战略。可以考虑扩大上海合作组织的职能范围，或者新建中国与欧亚国家的经贸投资合作机制，以经贸投资合作为基础，发展与欧亚国家的外交关系，同时以中国与欧亚国家外交关系的改善来提升双方的经贸与投资合作水平。

第二节　对外投资产业战略

对外投资的产业选择是"向哪个行业投资"的问题。对外投资的产业选择，无论是对企业，还是对政府而言，都是极其重要的。对于企业而言，在对外投资中进行产业选择，凭借的是某种特定的比较优势。而对于对外投资国政府而言，则应根据国内产业政策的需要，来制订对外投资的产业政策，并使之成为国内产业政策的一个重要组成部分。本章主要讨论中国企业对外投资产业选择的基本理论、对外投资产业选择的现状与特点，以及对外投资产业选择的若干标准，并就对外投资的产业政策方面进行探讨。

关于对外直接投资的理论，在前文的理论综述中已经加以阐述。这些理论从不同角度说明：无论是发达国家的跨国公司，还是发展中国家的企业，都必须具备某种优势，才能开展对外直接投资活动。对外直接投资的产业选择问题，并不单纯是产业层面的问题，对外投资的产业选择贯穿宏观、产业、微观三个维度。从宏观角度，世界经济的发展状况，是对外直接投资产业选择的大背景；从产业角度，对外直接投资的产业选择必须立足于本国的产业的发展状况，着眼于国内产业结构的优化升级与边际产业的外移；而从微观视角，中国企业要进行对外投资，必须具备某种竞争优势。中国现阶段对外直接投资的产业选择，既要遵循国际投资的一般规律，又要立足于中国产业成长的阶段性特征。

一　对外投资产业选择的背景

中国企业对外投资的产业选择包括以下两方面：一是企业对外投资的产业选择；二是政府关于对外投资产业政策。现从国际和国内的产业背景出发，试提出相应的对外投资产业选择标准，然后在此基础上，试提出政府对外投资产业政策的建议。

首先讨论对外投资产业选择的国际背景和国内背景。对外投资产业选择的国际背景，表现在国际产业分工的不断深化，以及国际产业的调整与转移。在全球化的大背景下，国际产业分工不断深化，跨国公司的国际直接投资成为国际投资的最主要的形式。随着国际产业分工的进一步深化，跨国公司的生产经营活动过程也出现了分工。在跨国公司生产经营过程中，采购、制造、运输、营销、售后服务、研发等在传统意义上属于同一个企业经营活动的诸环节，已由各个不同的企业进行专业化经营，从而形成了现代国际产业分工中的价值链概念。从国际产业分工的角度看，现代国际分工的价值链分为高端、中端和低端。企业在国际产业分工中所处的地位越高，产品的附加值也越高。处于价值链的高端企业主要从事产品创新、设计、研发、服务、营销以及品牌建设等。目前，发达国家的跨国公司占据了国际产业分工价值链高端地位，这些跨国公司拥有核心技术、创新、管理和资金方面的强大优势。近年来，发达国家跨国公司的生产部门由于劳动力成本高而在国内处于面临淘汰，很多发达国家跨国公司旗下的制造业部门已经开始向产业层次更低的国家和地区进行梯度转移，在母国只留下研发和服务等附加值最高的环节。处于价值链的中端的主要是制造业企业。这类企业有些具有廉价劳动力优势，属于劳动密集型，有的企业则是资本密集型。然而，价值链中端的企业面临激烈的竞争，附加值也不高。由于这类企业处于价值链的中端地位，它们一方面要保证资源、能源和原材料的供应；另一方面还要扩展市场。随着发达国家的产业的外向转移，一些发展中国家赶上了产业承接的机会，吸纳了发达国家淘汰的制造业部门，构建了本国的制造业体系，促进了经济的发展。然而，这些从外部转移来的行业同样需要进行创新。处于价值链的低端的主要是世界上最贫穷落后的国家。这些国家缺乏完备的工业体系，经济发展畸形，片面生产单一的农产品、经济作物，或者片面发展采矿业。这些国家以出口初级产品为主，包括农产品、经济作物和矿产品，附加值最低。这些国家在国际分工中，处于"外围"的境地，在国际经济中处于弱势地位。

　　从产业选择的国际大背景看，中国正处于现代国际分工价值链的中端地位。中国引进外资的政策，恰好赶上了国际产业转移的机会，大量引进了美、欧、日等发达国家需要转移出去的制造业，并且通过外包和 OEM 的方式，承接了全球价值链上的加工制造环节。由于中国拥有丰富廉价的劳动力资源，中国经济得到了迅速发展，目前已经进入重化工阶段。中国目前的机电产品、家用电器、纺织服装等行业，在国际上已经颇具竞争力。然而，中国的一些行业也出现了过剩，需要向外转移。中国制造业目前普遍存在的一个问题是"大而不强"。虽然从总量上看，形成了庞大的制造业，成为"世界工厂"，但是依然缺乏国际竞争力优势，技术创新较慢，研发水平较低，资源能耗大，污染较严重，而且仍以劳动密集型和资本密集型为主。考虑到从资源的约束、国内市场容量有限、环境保护的迫切性，中国的制造业迫切需要进行两方面的调整，一是产业实现技术升级；二是过剩行业向价值链低端国家转移。

二　对外投资与产业结构

第二次世界大战后，国际产业结构出现了若干重大变化。国际产业结构变化的特点是：发达国家的产业结构的演变，沿着"第一产业→第二产业→第三产业"的路径，不断调整、演化。战后全球产业结构的调整是从制造业开始的。制造业从美国转移到其他发达国家，促进了这些发达国家的发展；然后又从这些发达国家转移到新兴工业化国家（地区）。近年来，随着全球化进程的推进，国际产业结构随之调整，在美、欧、日等发达国家，以及一些后起的新兴工业化国家，第一、二产业在国民经济中所占的比重已经显著降低。而相比之下，信息、服务等行业的地位则得到了显著提高。

就中国而言，需要把握国际产业结构发展演变的规律，通过引进外资和对外投资两方面的举措，促进国内产业结构的调整，一方面，需要通过"引进来"和"走出去"两方面的努力，提高企业的研发、创新能力，提高核心竞争力和产业层次；另一方面，应通过对外投资，把面临淘汰的行业转移到海外。中国作为发展中国家，制造业占有举足轻重的地位。中国企业对外投资，尤其是投资于发达国家的学习型对外投资，能够获得投资所在地的"外溢效应"。中国的跨国公司，可以先提高其境外机构的核心竞争力，然后把获得的溢出效应回馈到国内总公司，促进国内产业结构的全面升级。

企业最关注的自身的收益。企业要进行对外投资，需要进行治理结构和管理制度的改善，重视研发与创新。与此同时，政府则需要制订产业政策，促进国内产业结构的提升。为促进产业结构的提升，政府可以通过引进外资方式，利用外资的溢出效应；也可以通过鼓励企业对外投资，主要是学习型对外投资的方式，提高投资于境外的企业的研发、创新和管理能力，然后通过中国跨国公司的内部化，促进国内企业的重组改造，进而带动本国产业结构的全面提升。

三　对外投资的产业标准

如前文所述，中国企业的对外投资，在产业选择方面，主要有两大类型：即边际产业转移型和学习创新型。然而，在对外投资的产业选择方面还存在若干具体的要求。应明确对外投资的若干标准，使其有利于产业的升级和中国经济的可持续发展。现提出以下产业选择标准。

（一）资源与能源供给保障

资源与能源供应的保障，是对外投资产业选择方面的一项重要标准。资源与能源，不仅是企业生产的必须品，对于各类民用设施、公用设施和军用设施的正常运行使用，具有极为重要的意义。资源和能源，是国家的重要战略物资。然而，随着中国经济的快速发展，中国对资源和能源的需求剧增，国内供给已无法满足公用、民用和军用设施对资源和能源的需求。中国已经成为世界上一个资源和能源进口大国。中国企业对外投资的目标之一，就是获取重要的资源和能源，为中国的民用设施、公用设施和军用设施，提供充足的能源供应。

（二）产业结构提升

产业结构的升级，包括了以下四个方面的效应：即学习创新效应、管理水平提升效应、核心资产获取效应和融资渠道拓宽效应。中国产业结构的全面升级，关系到中国经济的前途命运。如果仍维持传统的粗放型、能耗型、劳动密集型产业发展模式，经济发展则是不可持续的，并会带来严重的污染、收入水平低下等负面影响。应该全面提升中国的产业结构，提升中国企业的核心竞争力，包括提高研发能力、提高管理能力、构建有竞争力的核心资产以及拓宽融资渠道等。为发挥对外投资的学习创新效应，可并购发达国家的跨国公司，也可在发达国家研发机构分布密集的区域设立子公司，或者建立小型研发机构，利用"外溢效应"提高中国企业的研发能力。可以通过并购发达国家的跨国公司，或者通过在发达国家投资的方式，提高管理水平。可通过海外战略并购而获得核心资产，包括品牌、商誉、营销渠道等。可利用国际资本市场，拓宽融资渠道，突破资金的瓶颈。为发挥边际产业转移效应，可通过对外投资，把国内过剩的产能转移出去，扩展国际市场。在资源与能源方面，可通过海外并购或合作开发，获取具有战略意义的资源与能源。

通过对外投资提升产业结构的具体的方式可包括：一是并购发达国家的研发机构或知名企业的研发部门。二是在发达国家设立小型研发机构。三是与俄罗斯、乌克兰、白俄罗斯等拥有不可忽视的科研与创新潜力的转轨国家进行合作。

（三）边际产业标准

在对外投资的产业选择方面，可选择在海外具有相对优势的行业进行投资。对外投资的理论部分，已经阐述了西方理论对于对外投资优势与动因的基本观点。边际产业标准属于相对优势论。竞争优势论从生产环节的优势分析对外投资的优势。小规模技术论和技术地方化论则论述了发展中国家企业在国际投资中的相对优势。这些理论，都在一定程度上解释了中国企业对外投资产业选择。边际产业标准的理论依据是边际产业扩张论。关于对外投资的产业选择问题，边际产业扩张论认为，某产业在本国已经丧失比较优势而面临淘汰时，应该通过对外投资的方式，把该产业转移到产业梯度更低的国家，使这类产业在那里继续发挥优势。

（四）产业关联度标准

产业关联度标准，是指某产品的生产过程，所能够带动或者派生的，与该生产过程相关的初级产品、中间产品和最终产品的交易量。即：某一种产品的生产过程，引起了连锁反应，派生了对其他产业的产品需求。在一国的产业结构中，不同类型的产业之间是以某种特定的方式而产生密切的相互关联的。某个产业的发展，能够带动其他某个产业或产业链，实现共同发展。从产业结构的角度考虑，产业关联度越高，产业结构的提升与优化就越有利。

四　对外投资的产业选择

为促进中国企业通过对外投资实现优化升级，政府应该研究并制订相应的对外投资的产业政策。下文针对中国具体的产业，提出了中国企业对外投资产业政策的具体内容。

（一）边际转移型产业

主要是针对装配制造业和服装纺织业。根据边际产业标准，中国应把已经丧失优势的某些产能过剩的行业，向相对落后的亚非拉地区进行产业梯度转移，与此同时，应该加快国内产业结构的升级。中国当前的产业结构呈现出多层次的特点，某些行业仍处于劳动密集型阶段，但也有一些产业通过自身的研发与创新，已经具备一定的国际竞争优势。中国的一些传统的劳动密集型产业，包括：机电产品、家电、纺织、轻工业等行业，生产能力已经过剩，产品在国内市场已经达到饱和。把这类产业通过对外投资，转移到梯度更低的国家，将有助于国内产业结构的调整。

中国当前的产业状况，与日本经济高速增长时期具有某些相似之处。应该确立边际产业标准，通过鼓励企业对外投资，为国内产业结构的优化与提升创造条件。

（二）具有局部优势的产业

根据小规模技术论，发展中国家的技术，适合小规模市场。而技术地方化论则进一步提出，发展中国家的这种小规模技术，可以加以创新，形成产业相对优势，甚至可以形成对发达国家的进行投资的能力。中国的小规模技术适应于发展中国家的小规模市场，在发展中国家，中国企业的小规模技术比发达国家的跨国公司更有竞争力。经过多年的发展，中国企业在成熟的标准化技术方面已经具有某些优势。此外，中国的某些产业已经在国际上处于领先地位，例如：材料行业、航空航天产业、生物工程行业等。这些行业已经具备向发达国家投资的能力。

综上所述，根据产业相对优势标准，中国企业对外投资产业的重点，应放在以下方面行业：一是小规模生产技术行业；二是具有成熟的标准化技术的行业；三是具有国际竞争优势的行业。

（三）学习创新型产业

与发达国家跨国公司相比，中国企业在研发、创新方面尚存在差距。通过学习创新型对外投资，能够促进中国企业的研发创新，并推动国内产业结构优化提升。通过对发达国家研发创新机构的并购，或者在发达国家新设小型研发机构或者学习创新型小企业，能够推动中国国内产业结构的优化升级，使中国经济的增长方式由粗放型向集约型转变，提高中国产品的科技含量与附加值。这种向产业层次更高的国家进行投资，也被称为"反向投资"。根据该标准，中国企业对外投资，在产业选择方面的重点包括：一是技术密集型产业；二是高新技术产业；三是高附加值产业；四是在研发创新密集区，设立研发机构或学习创新型小企业。

（四）高关联度产业

对外投资的产业选择，对中国国内产业结构的优化与升级，将产生重大而深远的影响。作为政府，应该考虑通过鼓励扶植对外投资，一方面实现国内产业结构的优化升级；另一方面，还应对境外投资的产业关联度方面，予以充分的考虑，力图在对外投资的产业选择方面，鼓励对国内其他产业的关联效应强的产业，进行对外投资，并以此刺激国内的技术、设备、半成品、零部件等物资的出口。这样一来，在促进对外投资的同时，又拉动了经济增长。因此，应该鼓励产业关联效应强的产业进行对外投资。因为这类行业的产业内贸易量较大，并且产品供应链较长。

（五）海外能源与采矿业

海外能源与矿产资源的供给保障，对于中国经济的可持续发展具有重要意义。如果采取进口方式购买能源与矿产，往往容易遭到贸易壁垒的限制，导致能源与矿产的供给没有安全保障。因此，中国应该采取措施，对国外的能源与矿产项目进行投资，确保能源与矿产的供给安全。应该确定中国企业对外投资的重点。重要投资对象应包括石油、天然气和各类矿产资源。此外，为保障能源与矿产的稳定供应，平抑能源与矿产价格，还应当采取以下措施：一是建立稳定的能源与矿产供应基地；二是建立能源与矿产储备库；三是依托能源与矿产储备库，进行大宗能源与矿产品的期货投资交易，锁定、对冲市场价格波动的风险。

第三节　对外投资主体促进战略

关于"主体"一词，有以下三个方面的含义：一是指主要部分；二是指权利和义务的承受者，是法律概念；三是与客体相对应的存在，是哲学概念。本书采用了第一和第二个概念，在表述时，随语境的不同，主体的含义也有所区别。这种表述方法，在上下文中，不至于引起混淆。根据《中华人民共和国企业法》和《中华人民共和国公司法》的规定，法律意义上的经济活动主体是企业。国内许多关于中国企业对外投资方面的论文采用"对外投资主体"的称谓，此处的主体指"主要角色"，即中国企业应该成为对外投资活动中的主角。"主体"的第二个定义是"权利义务的承受者"，这是企业的法律定义，即：企业是享有权利，承担义务的经济活动主体，根据这个定义，"对外投资主体"则是享有对外投资的权利，承担对外投资义务的经济活动的主体。"主体"的第三个定义强调"施动"，即某种行为的"施加者"。

从经济学意义上看，对外投资主体是具有相对独立的对外投资决策权力，有比较充足的投资来源，对其对外投资所形成的资产享有支配权，并有能力承担风险的组织或个人。中国对外投资主体的客观存在，有其特定的原因和各自的目的。其对外投资活动的目的，是获取各自的利益。

一　政府、企业与个人的关系

企业是国民经济的基本单元。根据科斯的定义，企业是由于内部化的动机而建立起来的利益联合体。科斯认为，市场交易是存在成本的。当一个组织的内部交易的成本小于市场交易成本时，企业就用内部的行政方式实现资源的调配，企业的产生与存在就具有合理性。而企业本身则是一系列契约的集合①。在对外投资活动中，由于企业拥有的某些优势，能够在国外的投资环境中找到投资项目，企业就具有了对外投资的动机。

政府作为国家的管理者，是所有企业和国民的利益的代表。企业获利越多，则纳税额也随之提高，国家的财政能力也随之增强。在市场经济中，政府的职能是十分必要的，主要包括：制订并实施财政政策、货币政策、收入分配政策、提供公共产品和公共服务、反垄断、维护法律规则和市场经济的规则等。政府的利益与企业与个人之间，既存在一致之处，也存在某些冲突。国家作为企业、个人利益的总代表，需要权衡、考虑各方面的利益，制订对外投资的政策。对股份有限公司而言，股东财富的最大化是企业经营的目标，这是西方公司财务学的定义。

政府、企业和个人之间，形成了一个治理结构，发生了利益攸关的关系。但是，由于所处的地位不同，政府利益与企业利益之间、政府行为与企业行为之间，却存在差别和对立。企业代表的是自身利益，而政府则代表国家利益。私有企业的对外投资行为，具有自利性。由于其产权明晰，激励机制较为完备，因此对外投资的效率高。然而，单个企业的对外投资行为，同时也可能具有某些盲目性和投机性，有时缺乏长远的眼光和深入的研究。政府对企业负有规制和管理职能，在企业对外投资活动中，突出表现在外汇管理机制对外投资审批机制。一方面需要对企业的对外投资加以管制；另一方面，如果管制机制过于严格，又会损害企业的积极性，影响企业对外投资的开展。因此，政府需要对企业的对外投资进行高效的

---

① 牛国良：《企业制度与公司治理》，清华大学出版社、北京交通大学出版社2008年版，第26—27页。

管理。

二　中国对外投资主体的形成与发展

自改革开放以来，中国的对外投资活动得到了启动和发展，对外投资主体逐渐形成并不断壮大。改革开放初期，随着中国企业的对外投资活动的进行，形成了对外投资企业。早期对外投资的行业主要包括贸易、资源开发加工、生产制造和交通运输等。早期从事对外投资企业主要是由以下类型的企业进行的：一是国家级和省级外贸公司，主要包括以"中国"和"各省的名称"打头的外贸公司；二是大型国有企业。

随着对外投资的发展，从事对外贸易的企业大大增加。中国加入WTO后，各类企业均参与对外投资，大型国企、民营企业和中小型企业纷纷开始对外投资。从行业看，除传统行业外，金融业也开始了对外投资。自2006年起，国家允许商业银行、基金管理公司、信托公司、保险基金等合格的境内机构投资者（QDII）开展对外投资，大大拓宽了对外投资的主体范围，形成了较为全面、规范的关于对外投资主体的制度体系。

三　中国对外投资主体的优势

企业的对外投资行为，必须以某种比较优势为前提条件，这是企业在海外得以生存的基本条件。西方的跨国公司理论和发展中国家的对外投资理论，从不同的视角分析并解释了对外投资主体的优势。现以各种理论观点为依据，结合中国企业的具体情况，分析并解释中国对外投资主体的优势。

（一）垄断优势论的分析

关于投资主体的优势，垄断优势论的观点是：投资主体必须在东道国具备垄断优势，包括在核心技术、管理、资金、规模、品牌、产品差异等各方面的优势。垄断优势论能够较合理地解释以美国为代表的发达国家的跨国公司的对外投资行为。

按照垄断优势论的观点，与国际上知名的跨国公司相比，中国对外投资主体并未形成全面的垄断优势。然而，从实际情况看，自2004年以来，中国企业对外投资却开展得如火如荼，呈现持续的快速上升势头。这表明，即使没有垄断优势，中国企业仍然需要进行对外投资，而且有能力开展对外投资。这也充分表明，中国的投资主体，拥有独特的优势，这种优势主要表现为相对优势和局部优势。垄断优势论无法对中国企业的对外投资做出完善的理论解释，而边际产业转移论、小规模技术论、技术地方化论等理论能够对中国企业的对外投资做出了较为合理的解释。

根据垄断优势论的观点，结合中国的实际情况，从对外投资主体的角度看，中国跨国公司应该着力于全面提高自身的优势，加强创新和研发，提高管理水平，创建自有品牌，还可以通过国际并购方式控股发达国家因成本原因而需要出售的跨国公司，获取能够提升中国产业水平的战略资源。而政府则应该在政策方面，对各类对外投资主体进行支持，提高对外投资主体的国际竞争力，使其在国际市场上尽快取得更多的优势。

（二）内部化理论的分析

内部化理论的观点是：由于交易成本的实际存在，跨国公司用内部的行政调配取代市场交易，可以降低或减少交易成本。核心技术优势是跨国公司获取垄断优势的一个关键环节，因此，知识产品对于维持跨国公司垄断优势方面，占有至关重要的地位。然而，知识产品具有外部性，知识产品的交易中又存在信息的不对称。知识产品的卖方如果不公布技术细节，买方对该产品就难以准确了解，交易难以进行。卖方如果公布了技术细节，获悉了技术细节的买家则可能放弃购买。于是，知识产品交易的独特性成为内部化的主要动机。由于信息不对称和外部性，知识产品的交易难以进行。因此，跨国公司更加倾向于用自身的资金，在企业内部进行知识产品的研发，并把知识产品在跨国公司在各国的分支机构之间进行调配，而不是在市场上购买或出售，以保证其在国际市场上的关键优势。

内部化优势的实现，需要投资主体具有较大的规模。只有大型的跨国投资主体，才能在资金、技术和研发方面具有突出的优势。中国的对外投资主体，与发达国家跨国公司相比，平均规模小，普遍缺乏内部化优势。因此，可通过并购、强强联合、建立战略联盟的方式，努力扩大中国对外投资主体的规模，一方面实现规模经济；另一方面通过规模的扩大，发挥内部化优势。而政府则应该提供政策、融资和服务，鼓励对外投资主体进行并购、企业联合、产融结合、产、融、贸、研结合，或者组建对外投资企业的战略联盟。

（三）边际产业扩张论的分析

边际产业扩张论的观点是，随着本国产业结构的升级，一些产业将逐渐变得落后，并将被淘汰。这些面临淘汰的产业，可以按照竞争优势从低到高的顺序，向产业层次更低的国家进行投资。通过这种边际产业的对外投资，国内原本面临淘汰的产业，可以在东道国重新焕发出活力，促进对外投资东道国的产业升级，从而使这些边际产业得以在海外存续。

边际产业扩张论为中国国内即将淘汰的产业指明了一条出路。该理论说明，国内某些面临淘汰的产业，包括产业层次低下、市场已经饱和、高耗能、污染严重的产业，在第三世界那些尚未形成完整工业体系的发展中和欠发达的国家，仍具有某些比较优势。这些投资主体可以凭借这种相对优势，向发展中和欠发达的亚非拉地区开展对外投资。从国家层面，可以通过鼓励政策、双边谈判、外交努力等方式，鼓励国内的夕阳产业对外投资，向国外进行梯度转移。

（四）国际生产折中论的分析

国际生产折中论的观点是，企业对外投资的前提条件，是具备所有权优势、内部化优势和区位优势。其中，所有权优势对应于垄断优势论；内部化优势对应于内部化理论；此外又提出了区位优势。区位优势所强调的是东道国的整体投资环境。这种整体投资环境的优势，包括东道国的各种生产要素，还包括地理位置、基础设施、经济发展、政府政策等诸多方面。

根据国际生产折中论所提出的三种优势进行分析，中国对外投资主体在所有权方面优势较弱；在内部化方面的优势尚有所不足；而在区位方面，中国企业可以则取得一定的优势。中国的一些特定产业，能够选择合适的东道国进行投资，例如资源和能源的开采行业和某些制造业的投资，以及中国企业在东南亚国家的大量投资。但是，国际市场折中论强调的是对外投资主体，要同时满足三方面优势，因此，对中国的对外投资主体提出了更高的要求。从企业层面，应加强现有优势，善于发现并利用区位优势；而从政府政策层面，除鼓励研发创新、并购联合联盟外，还应通过驻外机构，做好国际市场调研服务，以发现中国企业对外投资的区位优势。

（五）小规模技术论与技术地方化论的分析

根据小规模技术论，发展中国家跨国公司具有以下三方面优势：一是符合小规模市场需要的小规模技术；二是发展中国家的某些民族产品，符合海外同一种族群体的需求；三是与发达国家跨国公司高技术高价位产品截然相反的低价策略具有相对优势。

技术地方化理论在小规模技术论的基础上进一步提出：发展中国家的

跨国公司，虽然以小规模、标准化和劳动密集型为主要特征，但是，这种技术在形成过程中，企业也对其进行了创新。这种创新，使这些企业拥有了自己特有的优势。发展中国家跨国公司的创新活动，不是对发达国家跨国公司的简单模仿，而是对其进行了适当的改进，赋予了发展中国家跨国公司特有的竞争优势。此外，由于中国市场规模大，有利于差异产品的形成，形成了对发达国家投资的能力。

小规模技术论与技术地方化论的思想，对于解释说明中国中小型对外投资主体的优势，是比较贴切的。中国的对外投资主体，在核心技术方面尚缺乏垄断优势，但中国拥有低廉的劳动力，能够提供低价的产品，能够满足低收入人群的需求。在华裔较多的东南亚地区，中国产品能够占领当地市场。这两种优势，能够在投资环境较差，市场范围较小的许多发展中国家，胜过大规模生产、产品档次较高的大型跨国公司。海外市场具有多种需求层次，中国的中小型对外投资主体，能够在这种需求多样化的市场中，利用自己独有的优势，在特定的需求层次发挥优势。

小规模技术论与技术地方化论，比较合理地解释了相当一部分中国企业的对外投资。技术地方化论还进一步解释了中国的中小型对外投资主体能够对发达国家跨国公司的技术进行吸收、改进和创新，使之获得更多的竞争优势。作为对外投资主体，应该发扬这种优势；而作为政府，则应当鼓励具有这两种优势的中小企业进行对外投资。

四　对外投资主体面临的主要问题

中国的对外投资主体的主要问题存在于国有企业和私营企业。两类企业都面临治理结构进一步完善的问题。

（一）治理结构有待进一步完善

随着中国国企改革的深入进行，现代企业制度被引入国有企业。国企的股份制改革、股权分置改革等举措，大大提高了国有企业的效率。然而，国有企业的治理机制尚不十分完善。国有企业在法律上，具有明晰的产权归属。但是，在实际经营中，国有企业的经理人，仍然具有官方的背景，难以构建完全有效的激励、约束和惩罚机制。国有企业的治理机制仍有待进一步完善。

在国有企业中，大型垄断性国有企业的问题较为突出。这些企业对外投资活动的决策，常带有浓厚的政府决策的色彩，提高了对外投资项目的成本与风险，降低了盈利空间。由于国有企业在内部利益分配方面也存在某些不合理的现象，造成国有企业的海外经营管理人才的流失。中国国内的大型国企的母公司，在财务、审计、内部控制等方面，对国外子公司缺乏有效监管，造成国外子公司的出现"内部人控制"现象。在这种情况下，中国在海外的企业的资产也容易流失。

中国从事对外投资的国有企业还存在着"国家色彩"过于浓厚的问题。国企虽然具有法律意义上的明确的产权，但是，由于国企的产权所有者是"国家"，容易受到西方国家的敌视和抵制，尤其是在国有企业在海外并购资源能源、核心技术和行业龙头等活动的时候。

中国的很多民营企业虽然产权明晰，激励机制到位，但是治理机制也有待于进一步完善。例如，一些民营企业的管理方式的特点却是家族管理，没有建立现代企业制度，对职业经理人不信任，不能大胆放权而造成管理效率的低下，国内的经理人市场也有待于进一步完善。此外，民营企业的融资机制也尚未完善，民间金融还有待于实现合法化、规范化。

（二）内部化与企业规模

从内部化角度看，中国的各类企业，都在实现内部化方面存在某些缺陷。国有对外投资主体，规模上无法与国外的大型跨国公司相比，尚未形成综合、全能型的中国对外投资主体；民营企业和中小企业，规模小，在海外也常常呈现单兵作战状态，尚未形成集群式对外投资，发挥对外投资的集群态势。由于对外投资主体的规模有限，未形成内部化优势。

（三）研发与产业层次

一方面，中国的对外投资主体的研发投入有所不足。与发达国家跨国公司相比，中国对外投资主体在技术创新方面，存在着较大的差距。导致这种状况的一个重要原因，就是研发投入不足。研发投入的不足，导致企业自主创新能力较弱，在技术创新方面缺乏成果，尤其是缺乏在国际上占有优势地位的自创核心技术。发达国家的跨国公司，由于内部化等因素的考虑，在核心技术的研发方面，保持了巨额的投入，在行业竞争中处于优势地位。相比之下，中国各类对外投资主体的研发投入不足，因此在核心技术方面，整体而言仍落后于发达国家的跨国公司。

另一方面，民营企业与中小企业的产业层次有待提高。民营企业和中小企业，在小规模技术、地方化技术和激励机制等方面具有某些优势，能够在激烈的国际市场竞争中占有一席之地。然而，这类对外投资主体参与国际竞争时，对于海外一些国家和地区的竞争环境、市场特征、国际法律规则等方面，仍缺乏深入、充分的了解。目前，虽然少数民营企业已开始涉足于高科技行业，但大部分民营企业的对外投资的行业，仍较多地集中在劳动密集型产业和边际转移型产业。随着中国人口红利的终结，人口进入老龄化，劳动力优势逐渐消失。此外，在国际与国内融资、品牌塑造等方面，民营企业与中小企业都仍处于不利地位。

五　对外投资主体的促进战略

现根据各类对外投资主体的优势，针对各自的缺陷，从治理结构、内部化和产业三个角度，提出促进对外投资主体发展的战略。

（一）完善治理机制

对外投资主体的促进战略的治理结构视角包括深化国有企业改革、建立切实有效的激励机制，以及促进民营企业发展等途径。

一是完善国有跨国公司的治理机制。根据上文的论述，中国的国有企业，公司治理结构尚未完善。国有的对外投资主体，存在激励机制缺乏、境外分支机构的"内部人控制"、内部控制制度与财务管理制度不到位、国有资产流失等问题。中国的对外投资主体，需要通过国企改革的深化，建立有效的激励机制，规范境外分支机构的行为，实现跨国公司的高效治理。应遵照《中华人民共和国公司法》的规定，在对外投资主体中的境内总部和境外分支机构中，构建高效的治理结构。可实施包括以下三方面的具体措施：（1）明确中国国有跨国公司总部与境外分支机构之间的责、权、利关系，使中国跨国公司的总部能够对境外分支机构进行有效的控制，使境外分支机构的"内部人控制"现象得以有效遏制。（2）建立完善的境外分支机构财务管理制度、资产管理制度、审计制度等有效的内部管理与控制制度。保障中国国有跨国公司的境外分支机构的资产安全、增值与盈利。（3）建立有效用人机制、激励机制与约束机制，聘用优秀的国内外经营管理人才，对境外分支机构进行管理。建立有效的境外分支机构经理人的业绩考核机制，提高境外机构的经营绩效。

二是对大型垄断性国有企业进行改革，完善治理机制，明晰产权，建立更为有效的激励机制。可在坚持公有制为主体的前提下，尝试通过混合所有制改革，适当降低超大型垄断性中央企业的国有股股份的持股份额，冲淡国际上对于中国国有企业的"国家色彩"的批评，使国有企业的治理结构更为完善，在国际上树立市场经营主体的形象，避免国外的官方和民间对中国对外投资主体的抵触情绪，使中国对外投资主体能够对海外的资源、核心技术和龙头企业，顺利开展海外投资、并购活动。

三是改善民营企业和中小企业的治理结构。民营企业和中小企业的优势，已经在上文分析。然而，民营企业与中小企业的治理结构方面，还存在一定的不完善之处。因此，应该促进民营企业与中小企业在治理结构上的变革。一方面，应促进民营企业和中小企业摆脱家族式管理模式，推进民营企业和中小企业的现代企业管理制度，包括现代企业的经营管理制度、内部控制制度、财务制度、经理人制度、用工制度等。推动国内的经理人市场的发育。另一方面，还应该完善中小企业的融资渠道，包括民间金融合法化与规范化、风险投资机制的构建、产权市场的完善、创业板市场的完善等方面。

四是对主权财富基金进行改革。主权财富基金的投资对象应该是对外投资的企业，即"投资于对外投资的企业"。投资方式与对外投资控股公司类似。通过对外投资主体治理结构的考察，本书提出建立对外投资专业基金或控股公司。该公司的资本金来自国家外汇储备。运营资本金投资于对外投资的企业。投资方式可以采取信贷支持、协议分成，或者直接控股的方式。这样能够是外汇资金的使用效率得到提高，使对外投资主体更容易获得对外投资的资金来源。

（二）构建内部化优势

中国的对外投资主体参与国际竞争，需要发挥内部化的优势，通过进行并购、重组、联合、联盟、集群等方式，扩大自身的规模。从中国对外投资主体的现状看，国内的跨国公司与发达国家的跨国公司相比，仍存在很大的差距。海外的投资环境陌生，市场复杂多变，竞争更加激烈。如果不具备规模优势，中国的跨国公司难以在海外生存。因此，应该基于内部化和规模效应的视角，加快构建中国大型、综合型、集团型、甚至全能型的跨国公司，促进中国对外投资主体的发展。

中国的制造业已经具备某些优势，但许多国内的制造业企业尚未建立国际市场的营销渠道。中国的外贸行业，最初是在中央和省级政府直接组建的。这些外贸企业在建立之初，由于享受配额制的垄断，并未形成自身的实体生产能力。政府主办的外贸企业虽然没有形成实体产业，但是在多年的经营过程中，已经构建了一定的国际市场营销渠道。因此，制造业和外贸结合，能够实现优势互补。

中国金融业改革开放以来，已经积累了较为雄厚的资金，但银行、证券、基金、信托等金融机构对中国本土制造业的对外投资的支持力度尚显不足。中国的制造业、外贸企业与金融机构之间，没有发生紧密的联系。这些金融机构尚未有效地为制造业企业和贸易型企业的对外投资提供足够的资金支持。因此，应该促进制造业企业、贸易型企业、研发机构与金融机构的融合，使外贸企业为制造业企业提供国际营销渠道，使金融机构提供融资服务，研发机构发挥技术优势，形成产、融、贸、研的有机结合，构建综合性、多功能、国际化经营的全能型、大型跨国公司集群，联合起来"走出去"，参与国际竞争。政府可鼓励股权联合、协议联营、并购等方式，实行产、融、研、贸结合，实行优势互补，构建资金、创新、制造、贸易为一体的综合性跨国集团。

可通过以企业的商誉、品牌效应、管理优势、营销渠道等无形资产为核心，凝聚大企业集团，形成有国际竞争力的大型跨国公司。在关键性无形资产方面拥有优势的企业，能够凝聚许多企业，构建大企业集团。跨国公司的凝聚途径，可以采用联合、联营、承包租赁、相互持股、并购等形式。

产业方面，可以供应链管理的思想为基础，以最终产品的生产企业为核心，对生产企业上游的原材料供应商和下游的经销商加以整合，建立信息与资源共享的供应链，把相关产业整合成为具有内部化优势的战略联盟，参与国际竞争。

应充分发挥中小企业和民营企业在对外投资的作用。民营企业与中小企业的劣势是规模小，经营风险大，融资困难。这类企业单独进行对外投资，面临着很大的困难。可通过以下方式，促进充分发挥中小企业和民营企业在对外投资的作用。一是大企业与民营中小企业联合对外投资。用价值链的思想，由大企业发挥领头作用，带动民营企业和中小企业，联合进行对外投资。在对外投资实践中，可以采取协议分工的方式，由大企业把订单、生产任务、营销任务或者某项具体服务分配给中小企业，由中小企业为大企业提供生产加工、营销、广告，或者其他服务。二是构建中小企业联合对外投资模式。单个民营中小型企业的对外投资，面临较大的困难。因为这类企业的规模小，融资渠道不畅。鉴于这种情况，可以把中小企业联合起来，共同进行对外投资，以发挥内部化的优势，实现一定的规模效应，把民营企业和中小企业既有的优势进一步扩大。民营中小企业的联合，可以采用股权安排和协议方式。三是通过股权安排方式通过相互投股而实现联合，共同进行对外投资。相互持股的份额、收益、期限等具体事项，由企业之间谈判自定。可成立专门机构，对民营与中小企业之间的股权联合提供服务，促进这类企业联合对外投资。四是通过协议方式通过民营企业和中小企业之间的协议，使这类企业之间，以更加灵活的联合方式，共同进行对外投资。

（三）产业视角下的促进战略

中国的对外投资主体，从产业视角，可以归为许多不同的类别，例如：制造业、服务业、采矿业、金融业等。其中，能源矿产开发行业、过剩行业和创新型行业，对于当前中国经济的发展具有重要意义。国内的过剩产能，使一部分产业需要向海外转移；中国的大型跨国公司，面临着产业结构升级的重大任务；而中国"世界工厂"的地位，决定了资源对中国经济的至关重要的作用。

1. 过剩行业的对外投资主体

中国的产业过剩行业，主要集中一些制造业部门，包括家电、纺织等行业。这类投资主体，主要是民营企业和中小企业。这部分产能在国内市场已经难以找到出路。按照边际产业转移论，这部分产业应该进行对外投资，把产能转移到比中国的产业梯度更低的其他发展中国家。因此，政府应通过政策措施，促进过剩行业投资主体开展的对外投资。具体的措施可以包括以下方面：一是优惠补贴。在产业过剩行业的对外投资方面，应该实行鼓励政策，可考虑对这类对外投资，给予一定的财政、税收优惠和补贴。二是完善信息服务。信息服务是政府推动对外投资的一项重要的公共服务。中小企业由于规模和实力的限制，无法准确获取海外市场的真实信息。在这种情况下，政府应提供公共服务，引导、促进中小企业进行对外投资。政府的驻外机构应当加强市场调研，为国内这类企业的对外投资，提供可靠的信息咨询服务。还可以由政府出面，由商务部牵头，建立专业的投资咨询机构，由海外使领馆的商务部门进行广泛的商务调研，获取国外投资环境方面的真实信息，为中小型对外投资主体提供咨询服务。三是设立行业协会。政府除了在对外投资的审批、信息、咨询方面提供支持外，还可以尝试组织行业协会，使之成为企业与企业、企业与政府之间的联系纽带，使之在产能过剩行业的内部进行协调，避免内部的冲突与矛盾，提高民族产业的凝聚力，共同增进对外投资的竞争力。行业协会建立之后，各相关企业应协调一致，在行业协会的带动下，共同制订对外投资的各项战略。行业协会的构成，可采取会员制等方式，由企业共同参与构建。

2. 面临升级的对外投资主体

从产业结构的角度看，中国的产业可以分为两大类：一类是面临淘汰的产业；另一类是面临升级的产业。面临升级的这部分产业，只有尽快实现升级，才能根本性地改变中国的经济结构，使中国的企业具有与发达更加跨国公司竞争的实力，提高中国的国际经济地位。促进学习创新型高科技产业的政策建议包括：一是以技术入股或协议的方式与国外联合。可以以技术入股或者协议的方式，与国外跨国公司的研发部门，或者专业实验室、研发机构进行合作，建立联营的研发部门。二是可以尝试在海外研发机构分布密集的地区（例如硅谷），设立研发中心或者建立学习创新型小企业。这样可以充分利用由于研发机构的密集分布而带来的集聚效应，直接利用国际先进技术提高研发能力，提高了产品的高新技术含量。三是在俄罗斯、乌克兰、白俄罗斯等国家进行科研创新性投资项目，以合资、技术入股等方式，充分利用这些国家的科研成果和创新潜力，把这些国家的基础科学研究的成果转化为应用型、创新型技术，再把技术转化为利润。

3. 能源资源领域的对外投资主体

能源矿产开发业对中国经济的发展，具有至关重要的意义。能源矿产开发行业对外投资的特征是：投资规模巨大，具有显著的资本密集型特征。私营企业与中小企业，规模小，资金有限，无法在境外对资源能源行业开展投资、并购。而大型国企在资金、技术、规模方面具有优势。中国的能源矿产开发业的对外投资主体，应该是大型的国有企业。然而，中国的大型国有企业，尤其是垄断性的央企，在治理机制方面有待进一步完善。因此，应该进一步深化混合所有制改革，完善治理机制，可以降低国有股的份额，一方面提高效率；另一方面，也降低海外对中国国有企业的抵触情绪，减少对外投资并购活动中的障碍。通过治理机制、约束激励机制的进一步完善，大型企业可以与金融业融合，发挥内部化优势，扩大规模，提高竞争力。政府可以在促进产融结合方面，发挥必要的作用。

第四节　区位选择与欧亚投资

关于对外投资的区位选择问题，是"到哪里投资的问题"。对外投资的区位选择，与对外投资的产业选择之间，存在较强的关联。区位不同的国家，产业状况也存在较大差异。对外投资的产业选择，最终要落实到特定的区位。对外投资区位问题，除了与产业选择相关外，也与其他许多因素相关。对外投资区位的选择，也取决于不同国别的投资环境。投资环境问题，是一个综合问题，包括投资对象国的政治、经济、法律、制度、文化、社会习俗等许多因素。本节主要分析中国企业对外投资的区位特征，探讨对外投资的区位选择问题以及区位选择战略中的欧亚投资。

一　对外投资的区位选择理论

对外投资的区位选择理论，并没有形成一套独立而专门的体系。但是在对外投资各种理论中，均隐含了区位选择的思路。

（一）垄断优势论与区位选择

垄断优势论的观点认为，发达国家的跨国公司，与东道国相比，拥有核心技术、管理、规模等方面的垄断优势。跨国公司能够利用这些全面优势，对东道国进行对外投资。因此，根据垄断优势论的观点，发达国家跨国公司的区位选择，是那些在国际竞争中处于弱势地位的国家和地区。

（二）相对优势理论与区位选择

边际产业扩张论、小规模技术论和技术地方化论，属于对外投资的相对优势和局部优势理论。这些理论都指出了具备相对优势的产业进行对外投资的动因。边际产业扩张论以日本的产业外移为考察对象，属于发达国家的对外投资理论。根据该理论，对外投资的区位选择，是产业层次更低的国家。而小规模技术论和技术地方化论，是发展中国家的对外投资理论。根据这两个理论，对外投资的区位选择主要是市场规模较小、人均收入较低的发展中国家，尤其是文化习俗相近的国家。

（三）国际市场折中论与区位选择

在国际投资理论中，国际生产折中论明确地提出了区位选择理论。该理论把对外投资的优势，归结为所有权优势、内部化优势和区位优势三种优势。其中的区位优势，是企业对外投资的条件之一。

（四）引力模型与区位选择

经典的国际贸易理论包括斯密和李嘉图的比较优势论、赫克歇尔—俄林的要素禀赋论，侧重于解释贸易产生动因以及进行贸易的国家获得的额外福利分析。然而，关于贸易流量问题的研究成果，则体现在引力模型。牛顿经典力学中，"万有引力定律"被表述为：两个物体之间的引力与各自的质量成正比，与二者之间的距离成反比。"万有引力定律"为国际贸易的引力模型提供了思路。引力模型把进行贸易的两个国家视为两个物体，国家间的距离视为两物体间的距离，两国的经济总量则视为两个物体的质量。两国之间的经济联系不仅包括贸易关系，也包括投资关系，引力模型既然可以用来解释两国之间的贸易流量，也就可以解释投资流量。于是，国家间的双边经济关系，就理解为国家之间在经济上的吸引力，包括国际贸易和国际投资的相互吸引力。如果引力模型成立，则中国企业的对外投资，经济总量越大，与中国距离越近，则中国对外投资越多。这种模型把社会科学的现象用自然科学来替代，虽然有很多缺陷，但该模型也具有一定的说服力。

从实际数据看，这个理论有一定合理性，例如，在距离相近的情况下，中国的对外投资在较大的国家多于较小的国家；而在国家的经济总量相近的情况下，中国的投资更多地集中在近邻国家。例如，2010年，中国对亚洲的投资占对外投资总额的71.9%。虽然德国、法国和英国的经济总量远超俄罗斯，但是，中国对俄罗斯的投资超过了那些欧洲大国。中国对东南亚的投资占对外投资的比例很大等事实，也印证了引力模型的合理性。因此，中国企业的投资，应着眼于近邻国家和经济总量较大的国家。在周边国家的投资，不仅拥有引力模型所提出的距离优势，而且许多周边国家的文化特点与中国相近，中国企业能够找到更多的优势。

根据引力模型，中国企业对欧亚国家投资的区位重点是：在中亚地区，中国企业的重点投资国是哈萨克斯坦；在欧盟东扩后的东欧地区，中国企业的重点投资国应该是波兰；在独联体范围内的东欧地区，中国企业的重点投资国应该是乌克兰和白俄罗斯。而在整个欧亚地区，中国企业的重点投资国应以俄罗斯、波兰、乌克兰、哈萨克斯坦为重点。

二 对外投资的区位特征

从上文中国企业对外投资的现状分析，可以总结出中国企业对外投资的区位特征。

（一）对外投资区位选择呈现多元化特征

从上文分析可以看出，2010 年，中国企业对外投资，已经遍布亚洲、欧洲、美洲、大洋洲、非洲的 178 个国家，占全球国家（地区）总数的72.7％，投资覆盖率不断提高，覆盖全球的对外投资区位特征已经形成。在国家类型的选择方面，中国的对外投资既投向发达国家，也投向发展中国家；既投向有市场潜力的国家，也投向学习创新型投资；既包括有边际产业转移型投资，也包括相对优势型投资和资源获取型投资。从对外投资所覆盖的行业看，中国企业对外投资的行业门类众多，而且在不同的国家，行业侧重也有所不同。例如，中国企业对欧盟的投资侧重于金融业和制造业；对澳大利亚的投资侧重于采矿业和商业服务业；对俄罗斯的投资，侧重于农林牧渔业、房地产业、租赁和商务服务业；而对东盟的投资，则侧重于制造业、金融业和批发零售业等。

（二）对三大避税地投资较密集

中国香港、开曼群岛和英属维尔京群岛是国际上三个著名的避税地。中国企业的绝大多数对外投资，都流向这三个避税地。中国企业对外投资大量投向国际避税地的原因包括：避税地法律制度宽松，公司注册管理程序便利，税率低而能够实现避税，能够规避外汇管制，能够规避法律要求等多方面因素。三大避税地均为弹丸之地，中国企业对这三地的投资项目不可能与对其投资水平相提并论。中国企业对避税地的绝大多数投资，都转而流向其他地区。投向三大避税地的对外投资有以下去向：一是返回国内。直到 2008 年，中国国内投资与外资的待遇才开始趋于一致。当前，很多地方政府仍在兴办开发区，把招商引资作为政绩，开发区仍在大量引进外资。地方政府的开发区给予外资优厚的待遇，这可能是国内资金先投资于三大避税地而包装成外资后，又返回国内的主要原因。二是流向未签订双重避税的国家。中国企业如果要投资于这类国家，选择先投向国际避税地，然后再向最终目的地投资，能够避免纳税。三是资本外逃。有相当一部分的国内资金，企图外逃而躲避监管。这部分资金可能包括了腐败官员的财产，以及境内其他企图躲避监管而出逃的资金。

由于绝大多数对外投资流向国际避税地，而这些从国际避税地再次对外投资的金额和去向，就无法确切得知。因此，对外投资的区位分布，是无法准确得知的。对亚洲和拉美的真实投资额会少于统计数字。从统计结果看，中国对亚洲和拉丁美洲的投资所占份额很大，然而，三大避税地中，中国香港位于亚洲。其余两大避税地，即开曼群岛和英属维尔京群岛都位于拉丁美洲。流向避税地的对外投资，在中国企业对外投资中，份额巨大，占有绝对的优势。因此，中国企业对亚洲和拉丁美洲的投资的真实金额，是大打折扣的。

（三）对能源和矿产的投资增长迅猛

近年来，随着中国经济的发展，中国的能源和矿产已经无法满足国内需求。而国际能源和资源的价格却出现较大的不可控态势。经济的进一步发展，使中国成为能源和矿产的消耗大国，对资源和能源的供给保障提出了更高的要求。中国对能源和矿产的需求巨大，使之不再是价格接受者，中国的购买行为直接推动能源和矿产价格的提高。在这种背景下，中国必须加大对能源和矿产蕴藏丰富地区的投资，以保障国内的供给。近年来，中国企业在世界上能源和矿产储量丰富的地区，大力推进对外投资；并且积极并购西方国家的能源和矿产公司。此外，还应进行能源和矿产的期货投资、期权投资，以锁定价格风险。应该建立能源和矿产的战略储备。

（四）周边国家占重要地位

对周边国家投资的重要性在于，中国的周边国家距离近，有些国家与中国的文化一脉相承，中国的某些产品容易被接受。此外，与周边国家开展经济合作，促进双边投资与贸易，可以加强中国与这些国家的合作交流，推进中国和周边国家的一体化进程、使人民币在这些国家逐渐成为主要的流通货币和储备货币之一。对于中国经济发展、中国国际影响的扩大，以及人民币的国际化，具有重要的意义。从实际数据看，中国对亚洲的投资在对外投资总额的的分量很大，对东南亚、俄罗斯、哈萨克斯坦等邻国的投资额较多。

（五）对发达国家的投资引人注目

从全球视角看，发达国家之间的相互投资，在全球 FDI 中占有最大的比重。对于中国来说，向发达国家进行的学习创新型对外投资，是提升中国国内产业结构的重要举措。美国、欧盟等国家，科学技术发达，产品研发创新能力强。对这些国家和地区进行投资，有利于促进中国企业的学习创新能力，学习当地企业的管理能力，熟悉发达国家的市场运行规则，提高中国企业的核心竞争力。近年来，中国企业在发达国家积极参与投资，并购了许多发达国家的大型跨国公司。

三　对外投资的区位战略与欧亚投资

中国企业的对外投资，不仅使企业获取利润，而且对于国家利益也具有重要意义。中国企业通过对外投资，能够获取能源和矿产，保障国内供应，并且对于国家的民用设施、公用设施和军用设施的正常使用，具有重要的意义；中国企业对发达国家的学习创新型投资，对于提升国内产业结构具有重要意义；中国企业的边际产业转移型投资，对于缓解过剩的产能，扩大市场和生存空间，也具有重要意义。本节结合中国的国情和各大洲国家的基本状况，对中国现阶段对外投资的区位战略和对外投资的重点，提出相应的思路。

（一）中国企业对外投资区位选择的思路

中国企业的对外投资的区位选择的基本思路是：根据中国企业的具体情况，考虑中国对外投资主体独特的优势与缺陷，以及国家的产业政策和国际经济政治战略的需要，明确对外投资的类型，促进对外投资的区位选择多样化，选择相应的投资对象国。此外，政府应积极开展国际投资合作方面的谈判，促进、保护中国企业对外投资。

一是对外投资区位的多样化。对外投资的区位选择方面，应该实行多样化。区位多样化的对外投资战略能够使中国企业更加广泛地参与国际经济交往，扩大了市场，增加了投资机会，避免了中国企业内部竞争；同时也有助于中国企业有效规避对外投资风险。随着对外投资的区位更加广泛，各类非系统性风险相互对冲的可能性就越大。

二是对外投资的类型与区位选择方面，根据中国对外投资主体的特征，中国企业的对外投资，可分为以下类型：学习创新型对外投资、边际产业转移型对外投资、能源和矿产开发型对外投资、周边型对外投资、农林牧渔业对外投资。这五种对外投资类型，应该分别落实在不同的区位。（1）学习创新型对外投资应该集中在美国和欧盟。可以并购美国与欧盟的高新技术企业，或者跨国公司的研发部门，或者在硅谷等创新中心，设立小型科技企业或者研发机构。欧盟与中国之间，主要是意识形态方面的矛盾，没有军事上的冲突和政治上的根本矛盾。因此，当中国企业在美国的投资失败时，可以在欧洲寻找替代项目进行投资。（2）边际产业转移型对外投资，应该集中在产业结构更加落后的亚洲、非洲和拉丁美洲国家和地区，把过剩的产能转移出去。（3）资源能源型对外投资应该集中在中东、北非、南美洲的委内瑞拉、俄罗斯、哈萨克斯坦等产油国，以及澳大利亚、乌克兰等矿产品资源丰富的国家。俄罗斯的能源丰富，但对于能源的进入持排斥态度。在国际金融危机的冲击下，由于油价一度下跌，俄罗斯的许多中小油井甚至倒闭。因此，可以与俄罗斯政府进行谈判，以便于展开投资合作，共同开发能源资源。（4）周边型对外投资主要应集中在是东南亚国家、南亚国家和中亚。对周边国家的投资，具有很多优势，也是中国扩大经济政治影响，推进地区一体化的主要举措。（5）农、林、牧、渔型投资可在国土资源丰富的俄罗斯、乌克兰等独联体国家，以及一些耕作条件较好的非洲和拉丁美洲国家。

三是政府积极推动对外投资。政府应积极参与国际投资双边与多边谈判，签订各类国际协议，保护并促进中国企业的对外投资。针对中国企业对外投资的绝大多数流入国际避税地的现象，政府应积极与更多的国家进行谈判，签订双边和多边避税协议，加强资本管制的效率，减少资本的外逃，使对外投资得到准确的统计。

（二）区位战略的重点与欧亚国家

本书认为，对外投资的重点区位，应包括美国与欧盟等发达国家、周边国家、能源与资源丰富的国家、发展中国家和欧亚转轨国家。

对美国的投资，应该放在较重要的地位。美国跨国公司拥有先进的科技、创新与管理水平；美国市场机制和市场监管比较完善；美国是全球最大的融资市场，民营企业可以在美国资本市场进行融资；美国的人均收入水平高，市场容量大。因此，对美国的直接投资，应注重学习创新型。此外，也可对美国的金融机构、行业龙头和能源石油巨头，寻找机会进行并购。然而应注意的问题是，中国企业，包括大型中央企业和不断成长壮大的民营企业在美国的并购，容易遭到抵制，尤其是在金融危机的冲击下，美国经济在持续不景气、失业率高、财政预算压力下，把自身的问题归结于来自中国的竞争。美国提出"再工业化"的战略后，开始对中国企业在美国的一些并购活动设置障碍，例如美国对华为和中兴的调查。应推进中国大型国有跨国公司的治理机制的进一步完善，可在坚持公有制为主体的基础上，适当降低国有股的持股比率，使之成为公平、规范的市场经营主体，遵守东道国所在地法律，适应东道国的社会文化环境。

对欧盟的投资方面，欧盟的市场机制、创新实力、管理水平、市场容量等各方面与美国相当，而欧盟的对华态度与美国也有所区别。欧盟与中国之间矛盾与冲突较少，军事和政治上方面没有根本性的冲突，而欧盟与美国之间也在一些方面也存在竞争关系。因此，当中国企业在美国的投资涉及敏感的部门，例如能源巨头、核心技术、安全问题等，则容易遭到抵制，此时，可转而在欧洲进行投资并购，寻找替代性投资机会。例如在美国对华为和中兴进行阻挠时，一些欧盟国家对华为和中兴并未持抵制态度。

对周边国家和地区的投资主要包括三个基本方向：一是东亚与东南亚；二是南亚；三是中亚与东北亚地区。东亚与东南亚地区该地区与中国的文化具有传承关系，华人人数多，对中华文化有很强的认同感。东南亚地区人口众多，经济增长快，市场潜力大。东南亚若干是世界上最具潜力的大区域市场。东亚与东南亚地区各国都把发展经济放在首要地位，对外资的政策比较优惠。中国的过剩产业，可以首先转移到东亚和东南亚经济发展相对落后的国家。对东亚和东南亚国家进行投资，还能够加强国际合作交流，推进中国与东亚和东南亚地区的一体化进程，扩大人民币在该地区的影响。这对于中国国际经济政治影响力的扩大，具有重要的意义。南亚的印度、巴基斯坦和孟加拉国虽然受中华文化的影响小，但是人口众多，经济发展较快，有很大的市场潜力。更为重要的是，中国企业在该地区，能够发挥技术地方化的优势，还可以把边际产业转移到该地区。中亚与东北亚中亚地区的独联体国家，以及俄罗斯的远东地区，土地面积大，资源丰富。中国企业的对外投资，可以集中在能源、矿产和农、林、牧、渔业。这些国家的经济结构不平衡，轻工业不发达，劳动力缺乏，资金方面也无法与中国相匹敌。中国与这些国家在资源禀赋方面，正好处于互补的状态。中国资源缺乏，土地少而人口多，外汇储备居世界首位。因此，中国企业应该去中亚和东北亚进行投资，利用当地的土地、能源与矿产的优势，发挥中国的劳动力优势、制造业优势和资金方面的相对优势。此外，对中亚和东北亚的投资还具有重要的战略意义。东北亚地区与中国的东北相连，开发东北亚与振兴东北老工业基地在政策上可以相互关联；而中国与中亚国家的经贸投资合作，还具有安全、能源方面的战略意义。

在能源和矿产生产国的投资主要包括西亚的海湾国家、独联体、北非、拉美的石油生产国，以及澳大利亚等矿产品生产国。应该以跨国并购、合作开发等形式，对这类国家进行投资。在这些国家，中国拥有资金和技术优势，一方面拥有庞大的外汇储备；另一方面，中国的大型国企已经在资源和矿产的勘探开采方面已具备较为雄厚的技术实力。

应该充分重视对其他发展中国家的投资。一方面，中国在对世界各地的发展中国家进行投资，能够充分利用世界各地的生产要素，在更广的范围内，找到投资机会，更好地发挥自身的比较优势，同时也扩大了市场；并且能够使对外投资的投资风险，得到充分的分散与抵消。

第五节　对外投资方式选择

本节所要讨论的问题，是"如何对外投资"的问题。企业海外市场的进入方式，包括贸易进入、契约进入、投资进入等方式。而企业对外投资的方式，同样也是多样化的。以下五方面的差异，会导致对外投资方式产生差别：（1）所有权控制程度；（2）项目建设时间；（3）资金需求；（4）项目损益；（5）项目风险。在不同类型的对外投资区位、行业，乃至项目，中国企业需要因地制宜，采取合适的对外投资方式，以获取最大的利益。本节主要对中国企业对外投资的方式加以探讨。

一　对外投资方式的概念体系

对外投资方式，可以分为对外直接投资和对外证券投资两大类。对外投资主体通过证券投资的方式，可以分享国外企业的利润。对外投资主体也可以通过直接投资的方式，在海外新建企业；或者通过并购方式，取得海外企业的控制权，建立跨国公司。在股权的安排方面，可以采取独资的方式，也可以采取合资的方式。在项目建设的安排方面，可以自建自营投资项目，也可以采用"建设—经营—移交"（即 BOT）等项目融资方式。对外投资方式的概念，见图5—1。

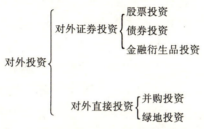

图5—1　对外投资方式的基本概念体系

注：本此概念体系，包括了对外直接投资和对外证券投资两大部分。

（一）对外证券投资

对外证券投资，指企业通过购买海外公司的股票、债券或者金融衍生产品，而进行对外投资的行为。对外证券投资有三种基本方式：即：对外股票投资、对外债券投资和金融衍生品的对外投资。

对外股票投资是指国内投资主体，通过购买股票而拥有海外企业的部分所有权。取得这部分所有权的目的，却不是取得控股地位，因此，无法参与企业的经营管理，而只能分享企业的利润，并通过股票的交易获得资本利得。对外债券投资购买的是海外企业的债权。这和股票投资之间，存在很大的区别。企业通过海外股票投资，获得的是所有权和与之相应的资本流动收益和利润分红。而持有债券，则意味着成为债权人，其偿还顺序优先于所有者。债券的票面收益是固定的，这与股票不同。金融衍生品的对外投资主要是在海外购买的金融衍生品，主要包括期权和期货。通过期权和期货投资，企业能够锁定未来的风险。然而，期权和期货交易是场内的标准化交易，实行保证金制度，具有很高的杠杆效应。如果仅仅做单向交易，就不再属于投资，而属于高风险的投机行为。

（二）对外直接投资

对外直接投资指在海外直接建立工厂或机构，或者通过并购的方式，对海外现存企业的股权取得控制权。对外直接投资也称绿地投资。而在股权控制程度方面，对外直接投资又可以分为独资与合资两大类。在绿地投资的项目建设的安排方面，可以分为自建自营和项目投资两大类。

对外并购投资的含义是：对外投资主体，通过购买海外企业的股权，取得了该企业的控制权。通过对外并购投资，对外投资主体获得了控制权，把被并购的企业，纳入了自己的管理范围。绿地投资也称新建投资。绿地投资的含义是：对外投资主体通过直接投资，在海外新建自己的分支机构，包括生产设施或者其他类型的设施。

（三）对外直接投资的股权安排

对外直接投资的股权安排方式，包括独资方式与合资两种方式。独资方式指对外投资主体，在海外投资中，掌握了全部的所有权。独资方式的形成，来自以下两种形式：一是通过购买或交换，取得被购买企业的全部股权，属于完全并购；二是通过新建方式，所有的股本出自自身。合资方式指对外投资主体，在海外投资中，未掌握全部的所有权，其他的所有者也掌握一定份额的所有权。合资方式的形成，来自如下两种形式：一是通过购买或交换，取得被购买企业的部分股权；二是通过新建方式，部分股本出自自身，另一部分股本出自其他投资方。

（四）对外投资的融资方式

对外投资的融资方式，分为短期、中期和长期。资金来源，包括自营自建、商业信用、银行信用、租赁和项目融资等方式。而提供资金的机构，包括银行、投资银行等各类金融机构。

二　对外直接投资与证券投资

本书的研究对象是资本国际化与对外投资，并力图把对外直接投资和对外证券投资放在同一个体系之下，进行统一的研究。国内研究对外投资，大都是研究对外直接投资。从学科分配方面看，对外证券投资属于微观金融学的范畴。大学的金融学专业，所开设的核心课程为证券投资学。①而对外直接投资则属于国际贸易学的范畴。

（一）对外直接投资与证券投资的区别

对外直接投资与对外间接投资，具有相同的本质。按照马克思主义的观点，都是剩余资本寻找新的盈利机会的行为。二者的区别在于具体的方式。对外直接投资，货币首先转化为资本，然后又转化为货币，实现了G—W—G'的循环。而对外证券投资的情况则有所不同。在证券的发行市场，企业通过购买海外证券的方式进行对外投资，其本质是参与了股票发行企业的资本转化，并由此获得分红。而在二级市场，购买海外证券，主要是获得资本利得。对外直接投资与对外证券投资的关系，属于金融资本与产业资本的关系。

（二）中国企业的选择

对于中国企业而言，对外投资应以对外直接投资为主。对外直接投资的优点在于，对外直接投资的生产过程能够直接创造价值。中国企业面临的问题是核心技术和升级，可以通过对外直接投资加以促进。一个国家经济的发展，应该是以实体产业的发展为基础。对中国而言，巨额外汇储备应该作为资源加以有效使用。通过对外证券投资，用外汇换得了更多的外汇，反而使国际收支更加不平衡，外汇占款问题更加严重，流动性更加过剩。中国企业的对外直接投资能够提高管理能力。对外证券投资不参与企

---

① 中国的高校称之为"证券投资学"，其内容以资产定价和衍生品定价为核心。

业管理，无法促进中国企业管理能力的提高。中国企业可以通过对外直接投资而获取关键的核心资源；能够转移过剩的产能，找到海外市场。对外投资也能够促进就业。

中国对外直接投资的主体是生产型实体企业，而对外证券投资的主体则是金融机构。对外证券投资使中国企业的对外投资问题上升为中国资本的国际化问题。然而，就现阶段的情况而言，对外证券投资方式存在一定的不足之处。一是在这种投资过程中，价值没有产生于本国的企业，其本质是本国的资本为外国企业提供了融资，并以此分享海外企业的利润；二是对外证券投资无法从根本上解决流动性过剩问题，而且加剧了国际收支的不平衡，因为通过证券收益，获取的仍然只是外汇，而无法把外汇储备加以有效运用。海外证券市场存在信息不对称问题，使对外投资的风险难以掌控；三是国内的金融投资人才不足，基金管理水平不高。四是对外证券投资对本国产业升级没有直接的帮助。对外证券投资用本国的资金为外国的企业提供融资，对本国产业的优化升级没有直接作用。

中国的对外证券投资，应投资于进行对外直接投资的企业。这方面的改革措施将在后文阐述。

三　对外直接投资各方式的对比

本节主要分析对外直接投资的各种方式之间的对比。对外直接投资，按照投资方式，可以分为绿地投资与并购；按照股权选择方式，可以分为独资与合资。

（一）绿地投资与并购

对外绿地投资与并购的区别，主要体现在以下三个方面：一是投资项目建设所需的时间不同；二是所需资金不同；三是项目建成后的可控性不同。

对外绿地投资的优点是可控性和资金方面具有优势。通过绿地投资，对外投资主体对新建的企业，能够实现完全的控制，并能够自行安排海外新建企业的内部管理，实施自己的管理方式。资金方面，对外投资主体可以用机器设备、技术等要素代替资金，投入到项目中去。这种方式能够节省资金，是一种"设备融资"。这种方式使国内过剩的机器设备得以重新利用，使之找到能够创造价值的场所。绿地投资的缺点包括两方面：一是以新建方式进行的对外投资项目，建设所需时间更长；二是由于建设周期长，导致项目盈利的时间风险更大。

以并购方式进行对外投资的优点包括：一是项目建设所需时间短；二是缩短了进入投资对象国的时间；三是能够降低投资项目盈利的时间风险。并购方式的缺点：一是无法用技术设备入股，必须一次性投入大量外汇，对缺乏外汇资金的国家限制较大；二是并购后的整合，具有很大的风险。并购不是"1 + 1 = 2"的简单求和。并购后企业的整合是很困难的，面临整合失败的风险；三是某些国家对并购有很大的限制，尤其是核心技术、资源能源和龙头企业。中海油并购优尼科的失败，就是典型的案例。

（二）控股方式的对比

独资的优点包括：一是能够保证独资方对公司的控制。通过独资方式进行对外投资，能够保证公司管理政策的统一性，排除了与合资方发生不协调的可能性。二是能够保护公司核心技术。独资的缺点方面：一是无法利用设备融资、技术融资的优势，需要投入更多的外汇资金。二是欠发达国家的政府对外来投资的独资企业限制较为严格，以独资方式进行对外投资的企业也容易招致国有化、罢工等风险。

合资的优点包括：一是为东道国经济做出了贡献，更容易得到投资对象国政府与民众的支持，缓解抵触情绪，获得较为优惠的外资政策。二是能够利用当地合资方的经销渠道等资源。三是能够利用设备融资、技术融资的优势，减轻外汇资金方面的压力。合资的缺点方面：一是易与合资方发生冲突；二是对外投资主体的核心技术有可能被泄露。

四　中国企业对外投资的方式

（一）全球对外投资方式的基本状况

发达资本主义国家的早期对外投资，以证券投资为主。其对外直接投资则以独资为主。这种现象的产生的原因是早期的发达资本主义国家对殖民地的统治地位。殖民地时期，发达的宗主国在核心技术方面，拥有垄断性优势。第二次世界大战后，随着民族解放运动的发展，第三世界国家的民族和主权意识兴起。对发展中国家的投资中，跨国公司的直接投资占据了绝对优势。而在跨国公司的 FDI 中，合资方式显著增多。近年来，跨国并购已经成为国际直接投资的主要方式。

（二）中国企业对外投资方式

随着中国经济的发展，中国的一些跨国公司，已经具备一定的国际竞争力。中国跨国公司的对外投资方式包括以下类型：一是合格的境内机构投资者。近年来，中国开始允许合格的境内机构投资者（QDII）对海外进行证券投资。2006—2007 年，国家陆续放开了商业银行、基金管理公司、保险基金和信托业等 QDII 的对外证券投资。二是金融业对外直接投资。中国的大型商业银行，开始对外直接投资，在海外建立了分支机构，开始在海外经营。三是设立境外营销机构。这类企业多属于劳动密集型，具有劳动力优势。因此，这类企业把生产环节留在国内，而在海外专门拓展营销。这种模式在中国对外投资主体中相当普遍，也反映了中国产业中的现实状况。四是设立境外生产基地。某些中国企业已经拥有特定的优势，甚至在发达国家建立生产基地。当发达国家的一些制造业转移到中国之后，引起了本国该产业的"空心化"。而在中国，该产业经过多年的发展，取得了技术上的突破之后，开始拥有一定的竞争优势，于是开始在世界各地建厂，甚至返回到发达国家建厂。五是正式在境外设立分支机构或研发机构。中国的跨国公司，已经具有相当的核心竞争力，开始步入全球著名跨国公司行列。中国的大型跨国公司的对外投资行为，与发达国家的跨国公司已经没有很大的区别。中国的知名已经有能力在海外建立正式的分支机构，甚至研发机构。

五　对外投资方式选择战略

根据前文的分析，结合中国对外投资主体的具体情况，对中国企业对外投资方式的选择提出若干原则，并针对不同类型的对外投资主体，提出对外投资方式的策略。

（一）对外投资方式的原则

一是对外直接投资与对外证券投资方式的选择原则。中国现阶段的对外投资应该以直接投资为主，证券投资为辅。合格的境内机构投资者（QDII）应该支持中国实体产业的对外投资，主要是学习创新型对外投资、边际产业转移型对外投资和能源矿产开发型的对外投资。对国际资本市场的证券投资作为必要的补充。

二是对外绿地投资与并购的选择原则。如果对外投资的对象是正处于成长阶段的产业，则应采取并购方式。这样能够尽快对该企业行使管理，增强对外投资的时效性。对于拥有核心技术的企业，宜采用绿地投资的方式，避免技术泄露，保持行业优势。对发达国家的学习创新型投资宜采取并购方式，以获取战略资产。而对发展中国家的边际产业转移型投资，则宜采用绿地投资方式，可把国内处于落后的设备等作为投资的资本转移到国外。

三是独资与合资的选择原则。如果海外的投资环境较陌生，宜采用合资方式。而投资环境熟悉的地区，则宜采用独资。如果对外投资项目的预期收益率高，风险水平低，宜采用独资方式，反之则宜采用合资方式。对于拥有核心技术的企业，应采用"独资＋绿地投资"的方式，避免技术泄露，保持行业优势。学习创新型对外投资，宜采用"并购＋合资"方式，或"并购＋独资"方式，同时保留被并购企业的原有要素配置。如果投资对象国的外资政策较严格，则宜采用合资方式。

（二）对外投资方式的策略

一是对外证券投资的策略。对外证券投资，应该以收益的稳定性为主，不宜进行高风险投资。中国对外证券投资的主体，包括主权财富基金、保险基金、信托、银行等合格的境内机构投资者（QDII）。国家的外汇储备出于稳定增值保值考虑，可持有适当的美国国债。主权财富基金的宗旨应该是支持中国企业的对外投资。主权财富基金、保险基金等合格的境内机构投资者，进行对外证券投资时，应该以稳定的收益为原则。中国的非金融类实体企业，尤其是经营大宗农产品、矿产品的企业，为防止价格波动的风险，可购买期货产品以套期保值。例如：国际大豆期货、铜期货、石油期货等。但交易必须是双向的，即一笔实物交易加上一笔反向的期货交易。不提倡中国企业进行衍生品的投机交易。

二是学习创新型和核心资源获取性企业的对外投资方式的策略。学习创新型企业的对外投资，面对的是发达国家，以提高研发创新能力，并学习管理经验。而核心资源获取型企业也同样，目的是获取发达国家跨国公司的品牌、营销渠道等核心资源。对于这两类对外投资，宜采取并购方式。当缺乏合适的并购对象时，可以绿地投资的方式，在发达国家创新密集的地区（例如硅谷），建立中国跨国公司的研发机构；也可以采取绿地投资的方式，建立独资的小型研发机构。

三是边际产业转移型对外投资方式的策略。中国的边际产业转移型对外投资，主要面向发展中国家、转轨国家，包括欠发达国家。绿地投资与合资应成为主要的方式。一些发展中国家重视自身的经济主权，外资政策较严格，在这类国家宜采用合资方式以缓和这些国家的民族情绪。另一方面，用新建方式把中国国内落后的生产设备作为资本加以利用，同时节约了外汇资源，比并购方式更有利于带动当地就业。在政局不稳的发展中国家进行投资，应遵循稳健性原则，保障投资的安全。可尝试采取"出口→建立营销渠道→绿地投资（合资）"的路径，通过"先试探，再深入"的方式，循序渐进地开展对外投资。

四是能源与矿产开发型对外投资的方式选择策略。能源和矿产属于敏感的战略物资，如果能源和矿产的所在国控制严格，独资方式无法得到许可时，则可采用合资的方式，与投资对象国分享利润。此外，合资方式具有融资的性质。因为资源能源的开发需要投入巨额资金。与投资对象国合资，一定程度上也缓解了资金的不足。此外，还可考虑把需要耗能产业对能源与资源的产地进行投资。

第六节　对外投资风险应对策略

2004 年以后，中国企业对外投资迅猛增长。对中国企业而言，海外的投资环境并不熟悉，一些发展中国家、新兴市场和转轨经济体的政治风险、经济风险、政局不稳、利率与汇率的波动等因素，使中国企业的对外投资面临着一系列风险。本章针对中国企业的对外投资风险问题进行探讨，提出了企业针对各类风险，而应采取的应对措施。

一　风险的定义与类别

（一）基本概念

风险（risk）在经济学科中的定义，出现在经济学、保险学和证券投资学的教材。经济学和证券投资学把风险看作不确定性和决策者看待风险的态度。《西方经济学大辞典》对风险的定义与表述包括："风险和不确定性是一对有联系但又有所区别的概念"；"获得更低收益的可能性被称为选择中的风险"；"如果没有不确定性也就不存在风险。不确定性是风险的必要条件。但是，风险还取决于决策者对待风险的态度"；"在经济学中，当经济学只想分析不确定性对经济决策的影响时，常常假设决策者对待风险的态度是中性的"。[①]

---

① 胡代光，高鸿业主编，《西方经济学大辞典》，经济科学出版社 2000 年版，第 704 页。

（二）现代证券投资学中的风险

现代证券投资学理论以证券投资学、公司财务、金融衍生品理论及金融工程学为主要内容。证券投资组合理论中，以证券和证券投资组合收益率的方差来表示单个证券和证券组合的风险；在资本资产定价模型中，为了找到计算投资组合收益率的简化的计算方法，风险被区分为系统分析和非系统风险，用β系数来表示系统风险。在套利定价模型中，风险被多因素化。而在金融衍生品理论中，风险则表现为波动性。

（三）保险学中的风险

在保险学中，风险指引致损失的事件发生的一种可能性，而不仅仅是不确定性和对未来结果的疑虑。风险的特征包括：客观性、损害性、不确定性、可测性和发展性。其中，不确定性是指时间上、空间上和损失程度的不确定性；可测性指在一定期间内，特定风险发生的频率和损失率服从某个概率分布，可以依据概率论的原理加以准确测定，这样就把不确定性的单个事件，转化为作为这列风险事件总体的确定性。①

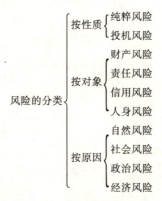

图 5—2　风险的基本分类

注：本图内容参考了国内《保险学》教材对风险的分类②。

按照保险的性质，风险可以分为纯粹风险与投机风险；按照风险的对象，可以分为财产风险、责任风险、信用风险和人身风险；按照风险的原因，可以分为自然风险、社会风险、政治风险和经济风险。可保风险指可

① 魏林华，林宝清主编，《保险学》，高等教育出版社 2006 年第二版，第 11—13 页。
② 《保险学》，魏林华，林宝清主编，高等教育出版社。

以被保险公司接受承保的风险，这类风险具有以下几个要件：（1）非投机性风险，即纯粹风险，是仅有损失机会而无获利可能的风险。（2）可保风险的发生是偶然、不确定的。（3）可保风险是意外的，即风险的发生及损害后果不是投保人的故意行为，而且风险是不可预知的。（4）可保风险必须是大量的标的均有遭受损失的可能性。（5）风险应有发生重大损失的可能性。①

二　中国企业对外投资中的风险

中国企业的海外投资，面临着诸多不同类别的风险。根据证券投资学的资本资产定价模型，中国企业的对外证券投资，面临着系统性和非系统性风险；根据套利定价模型，则存在着多因素的风险。根据保险学关于风险的定义，中国企业的对外投资行为，面临着自然风险、政治风险、经济风险、法律风险、行业技术风险和企业内部风险。自然风险是由于意外的自然灾害、自然环境的突然变化等引起的风险，例如地震、海啸等。本书着重论述政治风险、经济风险两大类风险。

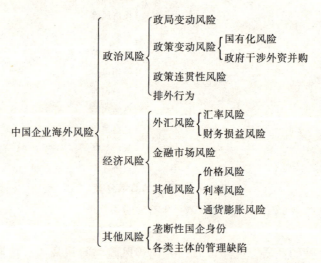

图 5—3　中国企业境外投资的风险分类

注：本图列示了本章的基本概念体系。

---

① 《保险学》，魏林华，林宝清主编，高等教育出版社，前引书，第21—22页。

（一）政治风险

中国企业在境外投资所面临的政治风险，主要包括政局变动风险、政策变动风险、政策连贯性风险、政府与民间的排外情绪导致的对外投资风险等。

投资对象国的政局不稳定，甚至出现政治动荡，会给在当地投资的企业带来的风险。政局变动风险主要发生在一些政局不稳的欠发达国家，在欧亚转轨国家也时有发生，例如独联体国家、西亚和北非的一些国家接连爆发的颜色革命。虽然中国企业在这些国家的投资，符合边际转移型的相对优势，能够获得盈利，然而，投资东道国政局动荡，甚至发生内战，可能使中国企业的风险过大。中国企业对这类国家的边际转移型投资，如果使用国内淘汰的机器设备作为资本进行"设备融资"，的确能够节约资金；然而，作为固定资产，机器设备的流动性差，容易遭到政治风险的冲击。

发达国家的市场机制更为完善，发达国家的企业也具有很强的竞争优势。因此，发达国家对于竞争性行业的外资，一般并不采取排斥态度。相比之下，一些发展中国家的企业缺乏国际竞争力，民族主义意识强，对外资的限制措施更为严格，在这类国家，外资存在国有化风险，政府也常常干涉外资的并购。第二次世界大战结束后，历史上饱受西方殖民强国和帝国主义的欺凌的亚非拉地区，许多国家获得了独立，民族主义情绪相对更为浓厚，国有化风险较高，外资被赎买甚至没收的风险较高。而欧亚国家，尤其是中东欧国家对外资的限制较少。此外，在西方国家，包括发达国家，政府和议会也有可能对外资在本国的并购、经营活动进行干预，以防自身的战略利益受损、核心技术泄露、龙头企业被并购。即便是在坚持自由市场原则的发达国家，情况也是如此。例如，美国议会曾否决了中海油对优尼科的并购；华为和中兴在美国也以威胁其国家安全为由受到调查。中国的国企，尤其是大型垄断性央企、主权财富基金等对外投资主体，在世界各地的投资活动中，也遭到若干国家的抵触和阻挠。

欠发达国家往往法制不健全。在这些国家，政府的换届更替，可能导致新政府上台后，改变往届政府的政策，撕毁往届政府与外资达成的协议，外资在建项目有可能被中止而遭受损失。中国企业对外投资过程中，也曾遭遇这类风险并遭受损失。在一些欧亚转轨国家，腐败盛行，法制不健全，对法律的解释随意，企业时常需要贿赂各级官员。这样，投资者的收益无法得到法律保护。

政府与民间的排外行为也在一些国家出现，这些国家有可能对外资采取歧视性做法。在一些国家，民间的排外情绪也较严重。例如，中国企业在西班牙投资的制鞋厂被烧，其原因是，当地人认为是中国企业使他们失业。而俄罗斯对中国商人常持歧视态度，甚至加以敲诈。

（二）经济风险

当经济变量发生变动时，对外投资会受到一些经济风险的冲击。例如，汇率的变动、利率的变动、价格水平的变动，都可能给对外投资带来损失。投资对象国的政策变动虽然会引起风险，但政策变动风险往往是人为因素造成的。本书所论述的经济风险，是排除了人为的政治因素之外，经济的自发作用而引起的风险。以下对外汇风险、金融市场风险和其他风险进行讨论。

1. 外汇风险

外汇风险会影响国际投资的成本与收益。布雷顿森林体系崩溃后，国际货币体系由牙买加体系取代，国际汇率制度由"各国货币钉住美元、美元钉住黄金"的固定汇率制转变为浮动汇率制。在浮动汇率制下，汇率的变动呈现随时性、频繁性和较大的波动性，构成了对外投资的风险因素。中国企业在海外投资时，由于人民币与外币之间汇率的变动，可能导致对外投资过程中，对外投资企业的各项财务指标发生变动，进而导致企业对外投资的损益发生变动。中国企业在海外投资经营过程中所面临的外汇风险，可以分为汇率风险和财务损益风险两大类。

汇率风险是由于汇率的变动使投资项目的成本与收益科目发生变动，并进而导致损失的潜在可能性。在中国企业对外投资过程中，汇率的变动会导致投资项目中，各项收入、成本与费用类科目随之而变动，造成对外投资项目的损失。汇率风险主要发生在实行浮动汇率制的国家，以及实行了固定汇率制，但面临货币危机风险的发展中国家和欧亚转轨国家。国际金融危机爆发后，不少欧亚转轨国家先后发生了货币危机，例如拉脱维亚、乌克兰和白俄罗斯等国。这些国家原先钉住欧元、美元、卢布等的货币在短时间内急剧贬值。

财务损益风险是由于汇率变动而使对外投资主体的海外子公司的资产类科目在进行财务结算时，发生损失的可能性。根据中国现行会计制度的规定，在会计年度末，中国境内跨国公司总部与境外分支机构之间，都要合并会计报表。而境外分支机构的财务报表中，计价货币是美元或者所在国的法定货币。于是，在合并报表时，所在国的货币需要先换算为人民币，甚至先换算为美元，然后再换算为人民币。此时，如果汇率发生变动，则可能给境外企业的资产和损益方面带来损失。

2. 金融市场风险

面临这类风险的中国对外投资主体，主要是进行海外证券投资与金融衍生工具交易的国内企业，包括主权财富基金、QDII、大型能源型企业等。国际证券投资和金融衍生品交易与国际直接投资不同。证券投资的流动性强，但收益的波动率也大，对外证券投资只分享收益而不控股，不介入企业管理，对企业的控制性程度低。根据资本资产定价模型，市场风险是系统性风险，是一种无法通过分散化加以消除的风险。而金融衍生工具则是一把双刃剑，如果与现货市场逆向操作，则能够发挥套期保值功能，甚至能够"发现"价格；但如果做单项交易，则是高风险的投机行为。由于期货期权交易的保证金制度，有可能发生利用金融杠杆进行高风险的投机行为，有可能给企业带来巨额亏损，甚至导致企业破产。巴林银行的倒闭，就是衍生品单项交易风险的典型案例。

3. 其他风险

主要包括利率风险、价格水平变动风险等。利率风险指由于利率的变动，导致对外投资企业的融资成本发生变动。利率风险的影响分为两类：一是对外投资主体的向银行借款时，利息成本发生变动；二是对外投资主体发行债券融资时，票面利率发生变动，导致付息成本的变动。价格水平的变动会影响企业的成本。通货膨胀的影响效应无法准确度量，其原因是：通货膨胀会导致收益与成本同向变动，对于最终损益的影响不易衡量。在通货膨胀的影响下，对外投资企业销售收入会上升，但是，随着通货膨胀的发生，对外投资企业以下两方面的成本会上升，一是采购成本上升，影响财务报表的成本或费用科目，进而使企业的资产和利润发生变动；二是通货膨胀会提高利率水平，进而提高融资成本。此外，在恶性通货膨胀的情况下，投资东道国的宏观经济不稳定，对外投资的主体会遭受东道国宏观经济的系统性风险。

（三）与风险相关的其他因素

中国企业在海外投资，还会面临诸多"不利因素"或者"缺陷"。这些因素不一定符合风险的严格定义，但这些因素也能够导致不确定性的损失，或者导致其他风险的发生。这些因素与风险有很大的共性，主要包括对外投资主体的内部缺陷；以及企业在海外投资时，容易在主观上忽视的问题。

一是大型垄断性国企的身份问题。西方国家认为，中国的国企、央企的所有者是国家，不是公平的市场竞争主体。中国倾其举国的力量，在国际上夺取资源、技术等重要战略物资，违反了市场经济的平等交易原则。因此，美国国会否决了中海油对优尼科的并购。针对中国的主权财富基金，西方发达国家普遍认为，中国为寻求国家战略利益和高额利润，将其巨额外汇储备注入主权财富基金并进行海外投资，将威胁全球金融市场的稳定。当海外并购活动关系到能源、矿产、高新技术等战略物资、核心利益或者国家安全时，大型垄断性国企的海外并购，就会面临被投资对象国拒绝的风险。

二是各类对外投资主体经营管理方面的缺陷，对外投资主体的内部治理结构不完善。一方面，中国的国有企业还面临着进一步深化改革的问题，国有企业的治理结构仍不完善，激励机制仍未有效建立，仍面临这一系列的问题。境外国有资产管理方面尚不完善，国有资产存在流失现象。另一方面，在很多私营企业，完善的现代企业制度并未建立，管理制度和财务架构等方面尚未完善。

三　对外投资风险的应对策略

上文在从抽象的理论层面界定各类风险后，对中国企业海外投资面临的各项风险加以具体分类，指出了符合风险基本概念的具体风险，进一步探讨了与风险的定义具有密切关联、有可能导致风险发生的不利因素。这些因素又可以分为外部因素和企业的内部因素，导致企业的外部风险与内部风险。外部风险的发生，是企业无法把握的。但是根据证券投资学、金融衍生品理论和保险学理论，风险是可以分散、对冲、转移和规避的。从各种风险之间的关系来看，各种风险之间，存在相互关系。例如，价格风险和外汇交易风险可以通过商品期货、股指期货交易而进行套期保值。但是，如果仅进行单项的期货交易，而不同时在现货市场进行反向交易，又会在金融市场引起投机风险。因此，面对经济风险的企业，为防止经济风险的发生，应在期货市场做反向交易以保值或对冲风险。企业内部治理方面的不利因素则可以通过企业自身的改革加以纠正。为规避、防范各种风险，政府和企业都应做出各自的努力。政府可以通过外交努力加强与东道国的协商，与东道国签订国际协定，向海外投资的企业提供政策法律支持，向海外投资的企业提供信息与各项服务，帮助企业克服风险。这方面的内容将在"政府政策"内容中加以详细探讨。

（一）政治风险应对策略

针对政治风险，中国企业应注重稳妥安全，需要密切关注当地的政府政策、社会思潮与政治走向，作出合理的投资项目安排。例如，在政局不稳的国家，可以采取"出口—建立营销渠道—建立合资投资项目—建立独资项目"的方式，先通过出口检验其产品，再建立营销渠道，最后建立投资项目。循序渐进地进入投资对象国。宜采取灵活的方式进行对外投资，可采用新建、合资、合营等方式，也可采用项目融资方式运营投资项目。在政局不稳的国家或者排外情绪较强的国家，可采用"新建＋合资"的方式，一方面带动当地就业；另一方面使国内淘汰的机器设备得以重新利用，在节省资金的同时也带动当地就业，减少当地的敌对情绪。深化大型垄断性国企改革，使之成为公平参与市场竞争的对外投资主体。在坚持公有制为主体的基础上，可酌情降低国有股权的份额，减少"国家色彩"，降低海外并购被当地政府或议会否决的风险。此外，政府也应做出足够的外交努力，以促进中国和投资东道国的关系，以投资经贸合作作为发展双边关系的基础，并以双边关系的发展促进经贸与投资合作的顺利进行。作为政府在投资对象国当地的外交部门商务部门，应该积极为当地的中国投资主体提供信息，并与投资对象国展开谈判，保护中国企业的合法权益。

（二）外汇风险应对策略

企业与政府针对境外投资的外汇风险，均可以采取相应的策略以规避风险。企业策略方面，一是可以在期货市场进行对冲交易，锁定规避风险。可以投资于远期外汇交易、外汇期权交易、掉期交易。可进行双向投资，而不可进行单项操作进行投机交易。二是可以利用汇率风险的保险来避险。世界上有些国家提供了汇率风险的保险业务，可以考虑加以利用。针对财务损益风险，对外投资主体的财务部门，应该加强业务水平，对财务报表进行保值管理策略。财务保值管理策略，应包括以下主要方式：一是选择计价币种；二是进行外汇远期、期权交易；三是采取汇率风险的对冲策略。政府策略方面，可以鼓励境内的保险机构提供对外投资汇率风险的保险或者担保业务，或者成立专业的针对对外投资汇率风险的保险机构或担保机构。还可尝试推动人民币国际化，短期之内，应该推动人民币成为与投资对象国进行交易的计价货币，与投资对象国进行结算；在长期，应大力推动人民币的国际化，使人民币成为对外投资的货币。

（三）金融市场风险应对策略

主权财富基金、社保基金等进行海外证券投资的机构，应该关注国际资本市场的风险。具体措施包括：一是坚持对外证券投资的多样化原则。金融市场的风险，分为系统性风险和非系统性风险。系统性风险是无法避免的，而非系统性风险，则是可以通过建立合适的投资组合而加以分散的。因此，中国的主权财富基金和 QDII 在进行海外证券投资时，应注重多样化的原则，不宜选择单只股票。对外证券投资的多样化，不仅是证券所在行业的多样化，而且证券的种类、证券投资的交易所、交易市场等方面，也应适当的多样化，使风险得以更加充分的分散。二是以获取稳定性收益为原则。对外证券投资应该以求稳为主，获取稳定性收益。近期内，应以购买收益率稳定的优质债券为主。应通过多样化的投资来分散风险，通过金融衍生品交易来锁定风险。三是提高主权财富基金与 QDII 的对外证券投资水平。中国的资本市场并不算发达，高端金融人才仍然匮乏。在金融市场上，还需要提高金融分析水平、金融创新能力和风险管理能力。中投收购黑石的失败，说明中国企业海外证券投资水平还有待提高。应积极提高经营能力，加强对金融人才的培养。

（四）法律与文化风险的应对策略

这是中国对外投资主体应予以考虑的问题。中国企业与投资对象国之间，在法律制度、文化价值观方面，存在着冲突。这种冲突如果被忽视，很有可能导致对外投资的失败。因此，对外投资主体应该尽快融入当地社会，获得当地社会的认可。中国的对外投资主体应该积极学习、熟悉并遵守当地法律，重视投资对象国劳工组织的影响，积极与当地劳工组织和员工进行有效的沟通，注重发挥企业的在当地的社会责任，更好地融入当地社会。

第六章　资本国际化与欧亚投资政策

关于中国资本国际化与欧亚战略，国家应制订相应的政策，在财税、资金、产业、服务、项目管理、外汇管理等诸多方面，扶持本国企业参与国际竞争。本章以前文提到的中国资本国际化战略和欧亚投资战略为基础，提出相应的政策体系。

第一节　国家与政府的职能

从理论上，崇尚自由主义经济派别反对国家对经济的干预，认为这种干预会带来无谓的损失。以亚当·斯密为代表的古典经济学反对政府对经济生活的干预，认为不受政府干预的自由市场，像一只"看不见的手"，通过价格机制，使资源的配置达到最优，使经济的运行能够保持高效；而政府对市场无需干预，只需充当"守夜人"的角色即可。凯恩斯主义认为，市场不是万能的，价格机制的传导有可能发生严重扭曲和滞后，导致市场竞争的无序，并最终导致有效需求的不足，导致失业和经济萧条。因此，必须用政府干预这只"看得见的手"，来刺激有效需求，进而促进就业，使经济复苏。现代货币主义、供给学派、伦敦学派、新凯恩斯主义、新古典综合派、理性预期学派等派别都在政府与市场关系方面，提出了各自的主张。20 世纪 70 年代以来，新自由主义兴起后，倡导自由化、稳定化、私有化，反对国家干预。新自由主义认为，国家、政府的存在及其对经济生活的干预，对于经济发展是有害的，损害了经济发展的效率，应该推动全球化，拆除国家之间的经济藩篱。1990 年，美国推出了"华盛顿共识"并大力推动全球化,然而在全球范围内的新自由主义改革成效并未得到公认。2008 年,美国次贷危机演变为全球金融风暴,而崇尚经济自由的美国也开始实行破产保护、国有化和贸易保护主义政策,这与其自身所推崇、倡导的经济理论形成自相矛盾。

从现实情况看,国家与政府在经济中的作用,在现阶段是必要的,且无可替代。公共选择学派和新制度经济学都对国家和政府进行了深入考察。新制度经济学派认为,国家具有制度供给、产权界定与保护、立法执法的实施者、利益协调等作用。从法制角度看,应以法律的形式规定对外投资主体所需遵守的行为规范,并明确对外投资主体的责任、权利、义务和合法收益。中国对外投资的法律体系,应包括国内与国际两套体系。对外投资的国际法律体系,包括国际公约、双边投资保护协定和双重避税协定等。国内法律体系方面,中国尚未出台《对外投资法》。关于对外投资的管理,主要靠政府的规定和文件。法律体系虽然具有正式、严格的特征,并有国家强制力保障实施,但是也具有不灵活的特点。相比之下,政府的政策具有灵活性与可变性。因此,在目前条件下,中国企业的对外投资虽然没有正式的法律文件,但已应该考虑对外投资的立法工作。本书内容不对法律规制进行探讨。

本章从政府的角度探讨政府在资本国际化与欧亚战略中应构建的政策体系。在欧亚战略与对欧亚国家的投资战略框架下,政府应通过构建政策体系,促进中国的资本国际化和欧亚国家的投资。资本国际化与欧亚投资的政策体系应包括规制体系、促进政策、服务政策和配套政策等。本书着重探讨对外投资项目的管理制度、外汇管理制度与 QDII 制度,并对外汇储备如何支持对外投资的模式进行探讨。本书最后提出中国企业对欧亚国家投资的政策建议。

第二节　对外投资项目管理制度

中国资本国际化的规制体系应包括对外投资项目审批制度、对外投资外汇审批与管理体制、对外投资的国有资产管理体制、对外投资的税收管理体制、对外投资信贷支持机制、对外投资的产业支持政策等方面。本书就对外投资项目审批制度、对外投资外汇管理制度和对外投资主体形成制度进行探讨。

一 对外投资项目的审批制度①

投资项目的审批制度比较成熟，目前已由"审批制"改为"备案制"，放松了对投资主体的管制。在对外投资项目管理方面，目前也已形成较为有效的项目管理制度。

改革开放以来，中国对外投资管理体制的发展的特点是：从"个案审批制"过渡到"规范审批制"，再发展为"核准备案制"。对外投资项目审批的不断演进过程中有两个显著特点：一是对外投资审批管理的权限逐步下放；二是对外投资项目的金额限制逐布放松；三是对项目审批的范围也有所放宽。

1979—1983 年，境外投资项目全部由国务院审批，地方尚无对外投资项目的审批权限。1983 年，国务院授权外经贸部，作为境外投资的审批和管理部门，但审批方式为个案审批，尚未形成规范的审批制度。1984 年 5 月，外经贸部颁布《关于在境外开办非贸易性合资经营企业审批权限和原则的通知》，该文件规定，所有的境外投资的企业，都必须经由省、市外经贸主管部门，并向外经贸部申报审批。1985 年 7 月，外经贸部颁布《关于在境外开办非贸易性企业的审批程序和管理办法的试行规定》，该文件规定，中方投资 100 万美元以上的项目由外经贸部审批；100 万美元以下的项目由地方外经贸部门征求中国驻外使（领）馆同意后审批。1984 年和 1985 年实施的两项政策的实行，标志着对外投资项目审批制度的初步完善，即：从个案审批制转变为规范性审批制。

1993 年，外经贸部制定《境外企业管理条例》，该条例规定，由外经贸部负责对境外投资方针政策的制定和统一管理；国家计委负责审批项目建议书和可行性研究报告；其他部委及省级外经贸厅成为境外企业主办单位的政府主管部门；外经贸部授权驻外使（领）馆经商处（室），对当地的中国企业实行统一协调管理。2004 年 7 月，国务院发布了《关于投资体制改革的决定》，对境外投资实行核准备案制。根据该文件，中方投资 3000 万美元以上的资源开发类境外投资项目、1000 万美元以上的非资源类境外投资项目，均由国家发展与改革委员会核准。2004 年 10 月，商务部发布《关于境外投资开办企业核准事项的规定》。在此基础上，商务部

---

① 本部分内容参考了商务部网站发布的文件。

于 2005 年 10 月制定了《境外投资开办企业核准工作细则》，该细则为鼓励各类所有制企业赴境外投资提供了政策依据，并简化了境外投资的程序。

2009 年 3 月 16 日，商务部制定《境外投资管理办法》（以下简称《办法》），该《办法》自 2009 年 5 月实施。《办法》成为较成熟的对外投资项目管理体系，并且实施至今。根据该《办法》的规定，对外投资的主管部门为商务部和省级主管部门，审批方式为核准制。根据该《办法》设定的管理体系，地方的核准权限有所扩大。中方投资额 1000 万美元及以上、1 亿美元以下的项目，能源、矿产类境外投资，以及需要在国内招商的境外投资，均由省级商务主管部门核准。需要商务部核准的项目包括：中方投资额 1 亿美元及以上的项目；在与我国未建交国家的境外投资，特定国家或地区的境外投资的具体名单由商务部会同外交部等有关部门确定；涉及多国（地区）利益的境外投资；设立境外特殊目的公司。对外投资项目的审批，也需要酌情征求驻外使（领）馆（经商处室）的意见。

根据 2009 年的《境外投资管理办法》（以下简称《办法》），对外投资的信息化管理系统形成。商务部建立"境外投资管理系统"，对于核准的企业颁发《企业境外投资证书》，该证书由商务部统一印制，实行统一编码管理。该《办法》还具体规定了境外投资的行为规范，并明确规定：由商务部和驻外使（领）馆（经商处室）负责境外投资管理与服务体系，由商务部负责对省级商务主管部门及中央企业总部的境外投资管理情况进行检查和指导，并由商务部会同有关部门建立健全境外投资引导、促进和服务体系，强化公共服务。商务部的职能包括：（1）发布《对外投资合作国别（地区）指南》，帮助企业了解东道国（地区）投资环境；（2）会同有关部门发布《对外投资国别产业导向目录》，引导企业有针对性地到东道国（地区）开展境外投资；（3）通过政府间多双边经贸或投资合作机制等协助企业解决困难和问题。商务部通过建立对外投资与合作信息服务系统，为企业开展境外投资提供统计、投资机会、投资障碍、预警等信息服务。

2009 年的《境外投资管理办法》明确了对外投资主体享受国家政策支持的待遇。根据该《办法》的第二十九条，企业境外投资获得核准后，持《证书》办理外汇、银行、海关、外事等相关手续，并享受国家有关政策支持。

表6—1	对外投资项目管理的发展历程
1979—1983 年	境外投资项目全部由国务院审批。
1983 年	国务院授权外经贸部作为境外投资的审批和管理部门。审批方式为个案审批，尚未形成规范
1984 年 5 月	外经贸部颁布《关于在境外开办非贸易性合资经营企业审批权限和原则的通知》
1985 年 7 月	外经贸部颁布《关于在境外开办非贸易性企业的审批程序和管理办法的试行规定》
1993 年	外经贸部制定《境外企业管理条例》
2004 年 7 月	国务院发布了《关于投资体制改革的决定》
2004 年 10 月	商务部发布《关于境外投资开办企业核准事项的规定》
2005 年 10 月	在《关于境外投资开办企业核准事项的规定》基础上，商务部制定了《境外投资开办企业核准工作细则》
2009 年 3 月 16 日	商务部制定《境外投资管理办法》，2009 年 5 月实施

注：本表参考了商务部网站上公布的相关文件，并参考了《中国对外开放与流通体制改革 30 年研究》第 269—270 页的内容，综合整理而成。

二 对外投资项目的外汇管理制度[①]

中国企业对外投资的外汇管理体制演进的主要包括如下特点：一是外汇风险的审查逐步放松、简化，直至取消；二是审批权限下放；三是外汇资金来源的审查简化；四是取消了境外投资主体的利润保证金汇回制度；五是在用汇额度内，允许企业自由购汇；六是允许境外企业的利润，用于自身的增资或再投资。

1989 年 3 月，国家外汇管理局颁布了《境外投资外汇管理办法》，该《办法》规定，拟在境外投资的主体，须向外汇管理部门提交投资外汇资金来源证明，并由外汇管理部门负责投资外汇风险审查和外汇资金来源审查。境内投资者在办理登记时，应当按汇出外汇资金数额的 5% 缴存汇回利润保证金。1990 年，为贯彻执行国务院批准的《境外投资外汇管理办法》，国家外汇管理局制定了《境外投资外汇管理办法细则》。该阶段的外汇管理制度比较严格。

境外投资外汇管制放松的标志是 2006 年 6 月 6 日，国家外汇管理局发

---

① 本部分内容参考了国家外汇管理局网站上公布的文件。

布了《关于调整部分境外投资外汇管理政策的通知》。自 2006 年 7 月 1 日起，国家外汇管理局不再对下属各分局（外汇管理部）核定境外投资购汇额度。境内投资者的境外投资项目经有关主管部门核准后，按照现行外汇管理有关规定办理外汇资金购付汇核准手续。境内投资者如需向境外支付与其境外投资有关的前期费用，经核准可以先行汇出。取消了境外投资购汇额度的限制，境内投资者从事对外投资业务的外汇需求可以得到充分满足。

表 6—2　　　　　　　　　　　　对外投资的外汇管理制度变迁

1989 年 3 月	国家外汇管理局颁布了《境外投资外汇管理办法》
1990 年	为贯彻执行国务院批准的《境外投资外汇管理办法》，国家外汇管理局制定了《境外投资外汇管理办法细则》
2006 年 6 月 6 日	国家外汇管理局发布了《关于调整部分境外投资外汇管理政策的通知》

注：本表参考了国家外汇管理局网站上公布的相关文件，并参考了《中国对外开放与流通体制改革 30 年研究》第 270—271 页的内容，综合整理而成。

对外投资外汇管理制度变迁的总体宗旨是促进对外投资外汇管理的规范化、服务化和便利化。从 2009 年起，国家外汇管理局连续发布了若干个《关于取消和调整部分资本项目外汇业务审核权限及管理措施的通知》（以下简称《通知》）。《通知》取消和调整了部分资本项目外汇业务审核权限，各《通知》均体现了简化行政审批手续和程序，促进投资贸易便利化的目的。近年来，对外投资的外汇管理审批权限逐步下放，对外投资的外汇金额也逐步放松。

表 6—3　　　　　　　　　金融机构对外投资的外汇管理的制度变迁

2006 年 4 月 17 日	中国人民银行、中国银监会、国家外汇管理局发布《商业银行开办代客境外理财业务管理暂行办法》
2006 年 8 月 30 日	国家外汇管理局发布《关于基金管理公司境外证券投资外汇管理有关问题的通知》
2007 年 3 月 14 日	中国银行业监督管理委员会、国家外汇管理局关于印发《信托公司受托境外理财业务管理暂行办法》
2007 年 7 月 31 日	国家外汇管理局发布《保险资金境外投资管理暂行办法》

续表

2009 年 5 月 6 日	国家外汇管理局公布《关于调整部分资本项目外汇业务审批权限的通知》
2010 年 6 月 29 日	国家外汇管理局发布《关于调整部分资本项目外汇业务审批权限的通知》
2010 年 6 月 30 日	国家外汇管理局发布《关于境内银行境外直接投资外汇管理有关问题的通知》
2011 年 5 月 23 日	国家外汇管理局发布《关于取消和调整部分资本项目外汇业务审核权限及管理措施的通知》
2012 年 6 月 11 日	国家外汇管理局发布《关于鼓励和引导民间投资健康发展有关外汇管理问题的通知》

注：本表参考了国家外汇管理局网站上公布的相关文件以及其他相关文件，经梳理而成。

三 QDII 制度的形成

2006—2007 年，国家陆续出台一系列政策，允许国内的商业银行、基金管理公司、信托公司、保险公司等合格的境内机构投资者（QDII）对外投资，大大拓宽了对外投资的方式。与对外直接投资不同，外汇管理局对 QDII 的对外投资经营活动，实施了汇兑额度等方面的管制措施。

一是商业银行成为合格的境外投资者。2006 年 4 月 17 日，中国人民银行、中国银监会、国家外汇管理局发布《商业银行开办代客境外理财业务管理暂行办法》，由银监会负责商业银行代客境外理财业务的准入管理与业务管理；外管局负责外汇额度管理。

二是基金管理公司成为合格的境外投资者。2006 年 8 月 30 日，国家外汇管理局发布《关于基金管理公司境外证券投资外汇管理有关问题的通知》，根据该《通知》，基金管理公司办理境外证券投资业务时，应事先经所在地国家的外汇管理部门核准，取得经营外汇业务的资格，并取得境外证券投资的额度。

三是信托公司成为合格的境外投资者。2007 年 3 月 14 日，中国银行业监督管理委员会、国家外汇管理局关于印发《信托公司受托境外理财业务管理暂行办法》，该《办法》规定，信托公司办理受托境外理财业务，应向国家外汇局申请投资付汇额度。由中国银监会直接监管的信托公司，应向国家外汇局直接递交申请材料。由属地银监局负责监管的信托公司，应向当地的外汇管理部门提交申请，由当地外汇管理部门初审，并逐级上报以获得审批。

四是保险公司成为合格的境外投资者。2007 年 7 月 31 日，国家外汇管理局发布《保险资金境外投资管理暂行办法》，该《办法》规定，由中国保监会负责制定保险资金境外投资管理政策，并对保险资金境外投资活动进行监管。国家外汇局对有关付汇额度、汇兑等外汇事项实施管理。

QDII 制度的形成，使商业银行、基金管理公司、信托公司、保险公司等金融机构成为合格的对外投资主体。这些金融机构关于对外投资的职能，一方面是直接进行对外证券投资；另一方面是以信贷、股权、保险等方式，支持中国企业的对外直接投资。这两种支持方式的正式确立，使中国企业的对外直接投资问题扩展到中国资本的国际化问题。

第三节　外汇储备支持对外投资模式探讨

关于促进中国企业对外投资的政策建议的内容，前文战略部分已有论述。本部分着重探讨外汇储备支持中国企业的对外直接投资的模式，并提出相关的方案。

对外投资项目的管理制度已经不再对企业构成障碍。在企业境外投资用汇方面，也已经充分放松，中国对外投资主体的境外投资用汇方面的管制性障碍也已经基本消除。中国企业对外投资所面临的一个关键问题是如何以巨额外汇储备支持境外投资。近年来，中国的外汇储备持续上升。前文已指出，2011 年 12 月，中国外汇储备额已达 31811.48 亿美元。[①] 截至 2012 年 6 月，中国的外汇储备已高达 32400.05 亿美元。[②] 中国的国际收支出现双顺差，而国内则出现了外汇占款和流动性的被动扩张。因此，应当以外汇储备支持企业对外投资，使外汇储备成为企业对外直接投资的资金来源，使外汇资源得到有效利用。应该加强对中国企业对内对外的直接投资的支持力度。

中国进行对外投资的企业，处于经营活动的第一线，对投资方式、投资行业、投资区位的掌握的信息最多，经验也最为丰富。中国企业作为对外投资的主体，对外汇资金的使用具有效率高、信息多、经验足的特点。因此，应该在中国的巨额外汇储备和对外投资的企业之间，建立一个有效

---

① 数据来源：国家外汇管理局的统计数据。
② 数据来源：国家外汇管理局的统计数据。

的机制，使外汇资金支持中国企业的对外投资。然而，中国企业，尤其是民营中小企业的融资渠道相对不畅。因此，应该以外汇储备支持中国企业对外投资。以外汇储备支持中国企业对外投资，能够促进中国国际收支的平衡，减少被动扩张的流动性，保证外汇资金的保值增值，使外汇储备为中国经济发展服务。

外汇储备支持对外投资的原则应包括以下方面：一是外汇储备支持企业对外直接投资为主，证券投资为辅；二是以外汇储备的支持，合理引导中国企业的境外投资；三是外汇资金的审批拨付，应做到规范化、高效化、便利化、信息化；四是应以多种方式为对外投资的企业提供融资渠道；五是应提高外汇储备资金的使用效率。

关于以外汇储备支持中国企业对外直接投资的模式，本书提出两种方案：即信贷融资模式和基金融资模式的改革方案。信贷融资模式是由以商业银行为主的合格的境内机构投资者（QDII）对境外投资的企业进行外汇经营；而基金融资模式，则讨论了主权财富基金的利弊，提出对主权财富基金运作模式的改革方案，并提出了建立专业的对外投资基金、对外投资控股公司的政策建议。

信贷融资模式的设想，是让以商业银行为主的合格的境内机构投资者（QDII）负责对境外投资的企业提供信贷资金，并收取利息，进行外汇经营。可以考虑设置专业的支持对外投资的银行，或者把对外投资的外汇信贷经营业务，下放到中国银行等四大的商业银行。可新设对外投资银行，与四大国有商业银行并列，向外汇管理局发行债券以筹集外汇资本金。对外投资银行在国内各大城市和海外设立营业网点，信贷支持的对象是对外直接投资的企业。也可由现有的商业银行进行外汇经营，由现有的商业银行以人民币向外汇管理局购买外汇资金作为资本金；或者由商业银行发行债券，从外汇管理局获得外汇资本金。商业银行在国内和国外建立分支机构和营业网点，为中国企业的对外投资提供信贷支持。

基金模式改革方案的基本思路是：以外汇储备建立基金，用于支持中国企业的对外直接投资。主权财富基金是一类必要的对外投资主体，但其治理机制尚存在某些不足之处。主权财富基金的对外投资应以证券投资为主，其原因是：主权财富基金并非实体产业，其对外投资只能通过证券投资分享资本利得，然而，对外证券投资所取得的收益，会加剧外汇占款和流动性过剩，对中国的产业升级没有实质性帮助。主权财富基金即使并购了海外的大企业，也难以参与具体管理。主权财富基金即使收购大量的海外企业，也无法派出大量的人员参与其内部管理。此外，主权财富基金的"国字身份"，使其在海外参与并购能源、资源等战略物资，以及行业龙头、核心技术时，容易遭到抵制。

基金模式的改革可以包括三种方案：一是对主权财富基金进行改革；二是建立对外投资基金；三是建立对外投资的控股公司。

主权财富基金的改革方案包括治理结构的改革和运营模式的改革。治理结构改革方面，可在坚持公有制为主体的基础上，适当降低国有股份的比例。基金运营模式的改革思路是：不再以证券投资为主，而是以外汇资金投资于对外直接投资的企业。主权财富基金可以通过以下方式，在资金方面支持对外直接投资的主体：（1）控股方式，持有企业的股权，对企业注入外汇；（2）以债权方式持有对外投资的企业的债权，同时对企业注入外汇；（3）支持企业在 B 股上市，或者海外上市。

建立对外投资基金的改革方案的着眼点是投资于对外直接投资主体。具体包括三种模式：一是控股模式，持有企业的股权，对企业注入外汇；二是债权模式，持有企业债权，对企业注入外汇资金；三是支持企业在 B 股上市，或者海外上市。

建立对外投资控股公司并投资于对外直接投资主体，有三种可选方式，与对外投资基金模式基本相同。一是控股方式，持有企业的股权，对企业注入外汇；二是债权方式，持有企业债权，对企业注入外汇资金；三是支持企业在 B 股上市，或者海外上市。所不同的是，对外投资控股公司，主要针对中小企业，类似于私募股权投资。对外投资控股公司对企业控股后，可以参与企业的经营管理，促进企业的发展，然后在国际资本市场或产权市场退出。

第四节　对欧亚国家投资的政策建议

基于本书的分析与结论，现提出中国企业对欧亚国家投资的政策建议。基于欧亚国家的经济特点、经济基础、地缘与发展外交关系重要性，应鼓励中国企业在欧亚国家投资。在原有的对外投资的鼓励政策的基础上，可以给予进一步的优惠政策。

一是鼓励企业对欧亚国家的投资。应鼓励支持企业在欧亚国家进行投资，促进中国对欧亚国家投资主体的形成，对欧亚投资的项目审批方面、外汇使用等方面提供更为便捷、宽松的政策。促进中国对欧亚国家投资的企业的治理结构、管理水平，促进规范经营和企业文化的建设，促使中国在欧亚国家的投资主体遵守当地的法律规制，规范运营，深入了解并尊重当地风俗习惯与文化传统。一方面，通过对欧亚国家的投资来提高中国企业的竞争力和盈利水平，使中国投资获得当地的市场份额；另一方面，也使重视中国投资对当地的经济发展的促进作用，带动当地就业，使中国企业为当地做出贡献，赢得尊重和认可，融入当地社会。

在对欧亚投资的产业政策方面，应鼓励中国制造业、服务业、能源资源类企业、创新型企业对欧亚国家的投资，鼓励中国在欧亚国家以项目运营的方式承包基础设施建设工程，对这些投资项目予以政策和资金支持，驻欧亚国家的使领馆和商务机构应提供欧亚市场的信息服务，支持中国企业的投资。鼓励中国企业在欧亚能源生产国，如俄罗斯、哈萨克斯坦进行能源项目的投资，同时也支持中国在能源生产国进行耗能型产业的投资。应鼓励中国企业投资于能源生产国的石油化工产业、天然气加工产业的投资。应利用这类国家资金不足的时机，开展投资项目的谈判。应鼓励中国企业对俄罗斯、哈萨克等邻国进行投资。俄罗斯加入 WTO 后，应与俄方展开谈判，适度扩大对俄投资的规模。重视中国东北与俄罗斯东北亚的投资合作，在中俄边境地区开辟经济特区，尝试创新对俄投资的方式，通过政府和民间的交流活动，消除俄罗斯方面的顾虑。在新疆与哈萨克斯坦边境地区也可做类似的尝试。还应鼓励中国企业与俄罗斯、乌克兰、白俄罗斯等拥有先进科学成果的国家进行投资合作，利用中方的资金与经营优势，外方采取科技成果入股的形式，进行高科技项目开发合作。

在对外投资的区位方面，应鼓励中国企业对东欧国家进行投资。在欧亚国家中，中国企业对东欧的投资相对较少，对东欧的投资有较大的潜力。当前，欧盟的发达国家深受欧债危机的影响，东欧国家的外资需要替代来源。应密切关注欧债危机的发展态势与东欧国家的局势，在东欧国家在经济困难而进行私有化时，可酌情鼓励中国企业介入。关注东欧国家对中国投资的态度，鼓励中国企业在欢迎中国投资的东欧大国进行投资，例如，在市场规制较好的波兰、捷克、匈牙利等国投资。对乌克兰、白俄罗斯等东欧国家的经济、政治与外交动态加以关注，在条件成熟时鼓励中国企业对乌克兰、白俄罗斯等国进行投资。

可对中国企业对欧亚国家的投资项目提供信贷支持。可促进与欧亚国家进行双边贸易的人民币结算试点，并逐步推进人民币的国际化，使之成为对外投资的货币。此外，还应尽快制订明确的欧亚战略，把对欧亚国家的经贸合作与投资作为整体战略的重要部分。可考虑上海合作组织的框架下，加强经贸与投资合作，也可尝试与欧亚国家建立自由贸易区，包括尝试建立"东北三省—俄罗斯的东北亚"自由贸易区，或者尝试建立"新疆—中亚"自由贸易区。中国驻欧亚国家使领馆应大力支持中国企业对当地的投资，包括提供信息服务、协助企业与当地的沟通，也可举办关于欧亚国家市场信息的论坛、商务投资会议等。

参考文献

一 中文参考文献

1. 白远:《石油矿产业对外投资风险:理论与成因》,《国际经济合作》2008 年第 1 期。

2. 陈佳贵总主编、刘迎秋主编:《中国非国有经济改革与发展 30 年研究》,经济管理出版社 2008 年版。

3. 陈佳贵总主编、吕政、黄速建主编:《中国国有企业改革 30 年研究》,经济管理出版社 2008 年版。

4. 陈佳贵总主编、裴长洪主编:《中国对外开放与流通体制改革 30 年研究》,经济管理出版社 2008 年版。

5. 陈佳贵总主编、汪同三主编:《中国投资体制改革 30 年研究》,经济管理出版社 2008 年版。

6. 成思危主编:《中国境外投资的战略与管理》,民主与建设出版社 2001 年版。

7. 甘子玉主编:《中国海外投资年度报告(2005—2006)》,社会科学文献出版社 2006 年版。

8. 郭旭东:《中国企业海外并购的产业视角》,《世界经济研究》2007 年第 2 期。

9. 侯建平:《我国企业海外投资的产业选择》,《国际贸易问题》1998 年第 8 期。

10. 胡代光、高鸿业主编:《西方经济学大辞典》,经济科学出版社 2000 年版,第 704 页。

11. 胡义：《国际投资理论创新与应用研究——基于中间层组织的分析》，人民出版社 2006 年版。

12. 李桂芳主编：《中国企业对外直接投资分析报告 2008》，中国经济出版社 2008 年版。

13. 李钢主编：《国际对外投资政策与实践》，中国对外经济贸易出版社 2003 年版。

14. 李建中：《国有企业经营者激励问题研究》，经济科学出版社 2008 年版。

15. 梁蓓、杜奇华编著：《国际投资》，对外经济贸易大学出版社 2004 年版。

16. 刘红忠著：《中国对外直接投资的实证研究及国际比较》，复旦大学出版社 2001 年版。

17. 刘凯敏、朱钟棣：《我国对外直接投资与技术进步关系的实证研究》，《亚太经济》2007 年第 1 期。

18. 刘龚、张宗斌：《中国对外直接投资和出口关系的实证研究——基于 ECM 方法》，《改革与战略》2007 年第 4 期。

19. 鲁桐等著：《中国企业海外市场进入模式研究》，经济管理出版社 2007 年版。

20. 卢进勇等主编：《国际投资条约与协定新论》，人民出版社 2007 年版。

21. 吕进中著：《中国外汇制度变迁》，中国金融出版社 2006 年版。

22. 毛力平、王沛：《中国对外直接投资阶段实证研究》，《商场现代化》2006 年 12 月（上旬刊）。

23. 梅子惠、罗时凡：《重建中国境外投资主体的战略思考》，《社会科学研究》2002 年第 1 期。

24. 聂名华：《论中国境外投资的行业选择》，《当代亚太》2001 年第 8 期。

25. 牛国良：《企业制度与公司治理》，清华大学出版社、北京交通大学出版社 2008 年版，第 26—27 页。

26. 欧阳峣主编：《中国对外直接投资导论》，中南大学出版社 2005 年版。

27. 潘岳、魏杰主编：《中国对外投资发展战略》，经济科学出版社

1998 年版。

28. 裴长洪主编：《中国吸收 FDI：21 世纪初的状况与问题》，方志出版社 2008 年版。

29. 宋亚非著：《中国企业跨国直接投资研究》，东北财经大学出版社 2001 年版。

30. 苏丽萍：《对外直接投资：理论、实践和中国的战略选择》，厦门大学博士学位论文，2006 年。

31. 谈萧著：《中国"走出去"发展战略》，中国社会科学出版社 2003 年版。

32. 王滨：《对外直接投资在我国经济发展中的作用——挤进和挤出效应的实证分析》，《国际贸易问题》2006 年第 1 期。

33. 王景波：《投资保险：防范海外投资风险的利器》，《国际融资》2008 年第 8 期。

34. 王莉：《美、日对外直接投资产业选择的比较与我国的思路》，《经济纵横》2006 年第 3 期。

35. 王珍著：《中国外汇储备管理研究》，中国金融出版社 2007 年版。

36. 魏林华、林宝清主编：《保险学》，高等教育出版社。

37. 魏昕、博阳主编：《中国企业跨国发展研究报告 2006 版》，中国社会科学出版社 2006 版。

38. 项本武著：《中国对外直接投资：决定因素与经济效应的实证研究》，社会科学文献出版社 2005 年版。

39. 项本武：《中国对外直接投资的贸易效应研究》，《统计与决策》第 24 期。

40. 谢绵陛：《我国对外直接投资主体的选择与构建》，《国际贸易问题》2003 年第 9 期。

41. 衣长军、苏桫芳：《我国企业对外直接投资的绩效评价与主体分析》，《国际经贸探索》2008 年 1 月。

42. 杨德新：《海外投资战略》，中国财政经济出版社 1999 年版。

43. 杨先明等著：《国际直接投资、技术转移与中国技术发展》，科学出版社 2004 年版。

44. 杨大楷、刘庆生、刘伟：《中级国际投资学》，上海财经大学出版社 2002 年版。

45. 杨希燕、李详永：《我国对外直接投资产业选择的适用理论和参照基准》，《当代财经》2004 年第 2 期。

46. 张汉亚：《中国企业境外投资的现状、问题与策略》，《宏观经济研究》2006 年第 7 期。

47. 赵红、曾国平：《中国企业对外直接投资产业选择基准及政策研究》，《重庆大学学报（社会科学版)》2005 年第 11 卷第 4 期。

48. 赵楠：《我国对外直接投资主体的方式的选择》，《对外经贸实务》2004 年第 1 期。

49. 中华人民共和国商务部，国家统计局、国家外汇管理局编：《2010 年度中国对外投资统计公报》，中国统计出版社　年版。

51. 国家统计局编：《中国统计年鉴 2010》，中国统计出版社年版。

52. 李建民：《中俄经贸合作现状及其发展前景》，《中国金融》2006 年第 10 期。

53. 李建民：《国际资本对俄罗斯投资现状及其启示》，《俄罗斯东欧中亚市场》2007 年第 3 期。

54. 李建民：《俄罗斯主权财富基金管理评析》，《国际经济评论》2008 年第 2 期。

二　英文参考文献

1. Aliber, R. Z. , "A Theory of Direct Foreign Investment", in Kindleberger, C. P. (ed.), The International Corporation, Cambridge, Mass：MIT Press, 1970.

2. Buckley P. J. , Casson M, The Future of the International Enterprise, London, Macmillan, 1976.

3. Buckley P. J. , "The Limits of Explanation：Testing the Internationalization Theory of the Multinational Enterprises", Journal of International Business Studies, 1988.

4. Caves, R. E. , Multinational Enterprise and Economic Analysis (Second Edition ed.) Cambridge, UK, Cambridge University Press. 1996.

5. Caves, R. E. , "International Corporations：The Industrial Economics of Foreign Investment", Economica, 38 (1971)：pp. 1—27.

6. Charles T. Horngren, Gary L. Sundem John A. Elliott: Introduction to Financial Accounting, Prentice Hall, Inc., 1996.

7. Dunning, J. H.: "International Production and the Multinational Enterprises", Allen & Unwin, 1981.

8. Dunning J. H.: "Trade, Location of Economic Activities, and the MNE: A Search for an Eclectic Approach", in Ohlin B. (ed.), International Allocation of Economic Activity, Mcmillian, 1977.

9. Dunning J. H.: "The Eclectic Paradigm of Internaitonal Production: A Restatement and Some Possible Extensions", Journal of Internaitonal Business Studies 19(1), Spring, 1988.

10. Frank K. Reilly, Keith C. Brown: Investment Analysis and Portfolio Management, 6th edition, Thompson Learning Inc., 2000.

11. H. Levy: Introduction to Investment, South – Western College Publishing, 1996.

12. Hymer, S. H. (1960): "The International Operations of National Firms: A Study of Direct Foreign Investment". PhD Dissertation. Published posthumously. The MIT Press, 1976.

13. John Hull, Operations, Futures, and Other Derivatives, 5th edition, Pearson Education Asia Limited and Tsinghua University Press, 2006.

14. Kindleberger, C. P.: "Monopolistic Theory of Direct Foreign Investment, Readings in International Political Economy, 1975.

15. Knickerbocker, F. T.: "Oligopolistic Reaction and the Multinational Enterprise", Harvard University Press, Cambridge, M. A, 1973.

16. Kojima, K.: Direct Foreign Investment: A Japanese Model of Multinaitonal Bisiness Operations, Croom Helm, 1978.

17. Lall, S.: "Industrial Strategy and Policies on Foreign Direct Investment in East Asia", Transnational Corporations, 1995.

18. Lall, S.: The New Multinationals: The Spread of theThird World Enterprises, John Willy and Son, 1983.

19. Macdougall: "The Benefits and Costs of Private Investment from Abroad: A Theoretical Approach", Economic Record, 36, 1960.

20. Porter, M. E.: The Comparative Advantage of Nations. The Free

Press，1990.

21. Richard A Breadley，Stewart C Myers，Franklin Allen：Principles of Corporate Finance，8th edition，authorizedEnglish – Chinese bilingual edition，McGraw – Hill Education（Asia）Co and China Machine Press，2006.

22. Robert C. Higgins，Analysis for Financial Management，6th edition，McGraw – Hill Education，2001.

23. Robert N. Anthony，David F. Hawkins，Kenneth A. Merchant：Accounting：Text and Cases，12th edition，authorized English – Chinese edition，McGraw – Hill Education（Asia）Co and China Machine Press，2007.

24. Vernon and Raymond：International Investment and International Trade In the Product Cycle，Quarterly Journal of Economies，May，1966.

25. Wells，L. T. ：Jr. Third World Multinationals，The MIT Press，1983.（Also available in Chinese，1986）.

26. Zvi Bodie，Alex Kane，Alan J. Marcus：Investments，6th edition，McGraw – Hill Companies，Inc，2006.

27. Zvi Bodie，Robert C. Merton：Finance，Pearson Education Asia Limited and Higher Education Press，2002.

28. United Nations Conference on Trade and Development（UNCTAD），World Investment Report 2012，Towards a New Generation of investment Policies.